U0923931

中国年度优秀诗歌

• 杨志学 唐 诗 主编 •

2015卷 九博士联合推荐

新 华 出 版 社

图书在版编目（CIP）数据

中国年度优秀诗歌. 2015卷 / 杨志学，唐诗主编.
——北京：新华出版社，2016.1

ISBN 978-7-5166-2338-1

Ⅰ. ①中… Ⅱ. ①杨… ②唐… Ⅲ. ①诗集－中国－当代
Ⅳ. ① I227

中国版本图书馆CIP数据核字（2016）第022061号

中国年度优秀诗歌（2015卷）
主　　编：杨志学　唐　诗

出 版 人：张百新　　**责任编辑：**李　成
责任印制：廖成华　　**封面设计：**李尘工作室

出版发行：新华出版社
地　　址：北京石景山区京原路8号　　**邮　　编：**100040
网　　址：http://www.xinhuapub.comhttp://press.xinhuanet.com
经　　销：新华书店
购书热线：010－63077122　　**中国新闻书店购书热线：**010－63072012

照　　排：图鸦文化
印　　刷：河北鑫宏源印刷包装有限责任公司

成品尺寸：150mm×230mm　1/20
印　　张：17.5　　**字　　数：**320千字
版　　次：2016年1月第一版　　**印　　次：**2016年1月第一次印刷

书　　号：ISBN　978-7-5166-2338-1
定　　价：38.00元

图书如有印装问题请与出版社联系调换：010-63077101

目录 | CONTENTS

山坡上的羊

二　胡

羊羊羊，咩咩咩，满山坡的声音
呵痒了野花，笑哧哧地全开了

羊嘴把初春嚼得黏黏的
把天空都涂满了草汁

羊憨厚的嘴只会说咩
那是它们对村庄永远说不清楚的爱

（选自 2015 年 12 月 2 日中国诗歌网“每日好诗”）

当我深夜醒来

二月蓝

当我深夜醒来，床还在睡，我却已经
亮在一轮明月里
眼角嵌着泪水，那不是星斗
也不是珍珠
而是一场梦的闪烁。四壁的阴影如暗花
窗外的树枝挂满传奇
我要趁黑说出
我早就认识的墨水，那种浓，那种酽
那种蘸写和濡润
让我痛快，让我狠狠地爱上一张白纸，急匆匆地
奔到一群波涛般的文字中去
我要趁黑说出那只乌鸦，它面对雪山
磨薄了铺天盖地而来的冷风的快刀
它站成钉子
内心不生锈的钉子，它还能让很黑很黑的羽毛
发出叫声，从1500次啼鸣中
喊出一句白
我要趁黑说出，我收藏过的很多夜
我在夜里饮过的黑咖啡
我在夜里数过的黑珍珠。而今夜，只有黑
但墨水没有来，墨水辜负了我
乌鸦正在坚守中打盹，它太累了
它深陷于坏天气

而黑咖啡、黑珍珠变成了泪珠和泪水
我站在新来的河边，而欢乐
不站在那里
当我深夜醒来，黑色的悬崖开满白色的花
像我大朵大朵的忧伤
陡峭，冷艳，沁心。我开始
怀念月色，怀念灯火
怀念那些像白荷花、白栀子、白丁香一样的闺蜜
我再也睡不着，我再也不去深思——
梦中为什么依然疑难重重
红尘滚滚？我也不需要去找出造梦的人
解梦的人，避梦的人
辗转时，世界已翻了半个身，而我不能，我只
稍稍地挪了挪疼痛的位置

（选自《星星》诗刊 2015 年 4 月上半月刊）

杏　子

人　邻

这不登大雅之堂，
亦从不沮丧的杏子，
只适宜盛在黑瓷粗碗里的杏子，
带着小麦麦芒的馨香 *，
有一会儿，它们的脸上有点害羞的嫣红。

然而，我更着迷的是
杏子在深静的山林里，
果肉如期消失，留下一枚枚褐色的心核。
泛着阳光的金黄杏子，
这泥土里来的，
它的核，本就是更深的泥土色。

而更多的，是我知道，
杏子，其实已经不适宜于我等闲人食用。
最适宜它们的人，
是身染泥土的劳作的男人、妇女。
暮霭里，炊烟已经在山下升了起来，
他们随手摘下几个，喝着粗茶，
就着土尘，吃了下去。
他们吃完，拍拍手上的土，
好像从来就没有吃过这些杏子一样。

* 麦收时候，亦是杏子成熟时。

（选自 2015 年 5 月 15 日中国诗歌网“每日好诗”）

花　神（外一首）

大　解

樱花绽放时，蝴蝶正在转世，
与美女互换身世和姓名。
我认识一位娘子，因为太美，
而不得不长出翅膀，隐藏在花丛中。

现在我不能说出她。
她的白是真白。
她的红是粉红。
她的香是芳香。
她的嘴唇是花瓣。
她的身体是花园。
她沿着密径，
取走你心窝里的蜜。
哦，不能说了，
她的甜，永远在形容词的外面。

有时我把她叫做樱花，
有时叫蝴蝶，有时叫美人。
她从不答应。她点头，
就是应允。
她微笑，
就是微笑。
她微笑的时候，非常迷人。

告诉你们吧，
她就是你们从未见过的，
见过也不认识，
认识也不可能相交，
相交也不可能知心的，
属于我一个人的，
藏在心里永不说出的，
——花神。

（选自《青年文学》2015年第8期）

热爱

死过三次，才能获得真正的安宁。反过来说，
喧嚣才是生活的本质，没有必要寂静。

七十亿人在我旁边生活，我觉得很好。
居住在自己的身体里，思考着别人的事情。

别让我太安静，我受不了。
别让我死的时间过长，成为一个陌生人。

我陷于此世太深，已经离不开了，
别让我去往星空。

我热爱这个喧嚣的世界，胜过爱我自己。
胜过爱你——哦，创造我的父亲。

（选自2015年6月29日中国诗歌网“每日好诗”）

无辜之草

凡 羊

长在什么地方，草说了不算
就像我们，生在什么样的家庭
由不得自己

草并不知道
长在地里和山坡上
有什么不同

现实是，农夫手中的锄头
正在逼近。一脸无辜的小草
眼里噙着泪水几欲夺眶
世界为之动容

（选自《青年文学》2015 年 8 月号）

一把铁锹

马　非

雪后中午
在麒麟湾公园
偏僻的一角
一小片树林之间
我看见一把铁锹
支在其中一棵树上
还有两行脚印
从我站立的小径
迤逦到那里

这时一束阳光
从枝杈处倾泻而下
铁锹猛然一颤
仿佛活了
闪闪发光
逼人眯眼
白雪也顿失其白
惊起两只乌鸦
和一伙麻雀
扑簌簌四散开去

（选自《读诗》2015年第1卷）

告诉你，我的身体里有铁

马万里

一直感觉自己太软
太实

今天
我要以风的形式
向春天宣告
我的身体里有铁

以铁代骨
以铁代肉
我的柔情依然一路奔走

伴有金属的响声
铁是通过一道伤口
进入我的体内

某种意义上
也是我咽下人间的另一种粮食

（选自《洛阳诗人》2015 年冬季号）

在山巅

马启代

天空这面大窗子，一定是玻璃的
我一直不敢擦得太干净

风雨雷电在上面生生灭灭
忽而黑，忽而白
这窗扇，是否可以随意打开又关上
或者阴晴圆缺都有人掌管
来来往往的飞鸟也说不清楚

千山无绝，万径无踪
人间悲欢说出来都是小事
只是若众生看透上天的秘密
那些作威作福的家伙就会原形毕露
是啊，他们都打着神仙的招牌

天空这面大窗子，一定是玻璃的
玻璃早已破碎或本来空空荡荡

（选自《时代文学》2015年4月上半月刊）

天上的声音

马晓康

我们都是植物人　把根向深处扎
扎向地心　也扎穿你的身体
种下一片灰色森林　将天空顶了又顶

模仿齿轮的呼吸　转动一生　直到分崩离析
不需要表情　每一根链条都不会多余

曾经躺在身边的白马飞走了
只有从缝隙中掉落的一具具发了霉的尸体
来不及流出的眼泪　汇成一望无际的黑色阴影

对不起　在我没被锈蚀以前
请让我听一听天上的声音

（选自《山东文学》2015年10月下半月刊）

村　事

马道洲

红事几杯酒
白事几滴泪……
历史从头至尾
都被清一色的乡愁
装裱命运
总是喜忧参半
在岁月的暴晒中，忍不住
褪了色
生或死
只是一种符号
在摆不脱的殷勤里
磕磕绊绊
贫瘠是耕耘里的石块
温饱是渴盼中的繁琐
这汩汩流淌的乡愁
注定要在生命的底部
急速沉淀
磨钝了岁月锋刃的
生命与汗水
最终流入季节的磨盘
进去的是血骨
出来的却是黑黑的土地
来世皆从这里发轫

新生皆从这里滥觞

就像一茬茬的庄稼

熟了收收了再种

所有的结局都一样——

红的挂红

白的披白……

（选自 2015 年 1 月 8 日《中国税务报》）

河　滩

马新朝

初冬，河滩上晾晒旧帐本的人，被水化开
水与岸的嘴唇咕哝着

我俯下身子，看到这些细微的沙粒们都还活着

它们让我靠近些，再靠近些
听那穿着衣袍的风声

如梦令
村庄退回
原处。它深陷于一场官司

湖水颤抖着
可听不到水面下的喊声

锁链拧绞于地下
使柳树无法走动，它的舌头喑症

湖湾一带的死者们，没有名字
尸首埋在酒里

那个骑自行车的人
头，无目的转动，它是谁的化身

——死者们想在岸边的草丛中显露
却被绿色的手按着了头

（选自《四川文学》2015 年第 10 期）

青　苔

王　妃

它们以细小的覆盖占据整面墙
或以斑驳的藓痕在角落里存身
借由雨水带来的潮湿
养育着
内心蓄满清凉之欢
太阳普照大地时
它们在背阴处照亮自己
没有娇艳的花朵
在人间，它们是最不起眼的陪衬
绿，是单调的活法
恒久的忍耐

（选自《延河》2015 年第 5 期）

碾房里的喷香（外一首）

王万里

孩童时
最喜欢跟着父亲进碾房
青石碾盘上铺满粮颗
马拉着石碾蒙着眼睛
稳稳当当走着固定方向
粮颗涌动细微的波浪

粮颗脱皮了
碾盘上出现了米和糠
父亲掬起一把吹一吹
糠皮长起了翅膀飞翔
父亲的手心里泛起金黄

漏斗、风扇
摇把旋转着农人的智商
风大了，米飞出粮仓
风小了，糠不离米的热心肠
父亲的心，刚好容得下
一粒米的重量

常怀念儿时的碾房
它完善了谷物一生的理想
让我们的心，至今仍然跳动着
一粒米的香

母亲的米缸

母亲把它安放在墙角
缸壁上还留着奶奶的指纹
隐约照见她的和蔼与慈祥

噼噼啪啪的炉火
催赶着大铁锅里的水
冒气、打转、沸沸扬扬
母亲从缸里挖起一勺米
轻轻抖落，摆一摆勺把
再溜出几颗

母亲像抚摸孩子的温热
把左手的纹理轻轻印在平面上
抓一把大地最美的颜色
看一眼金黄，举起圆润的月亮

母亲把米缸擦得净亮
她有一个梦——
把田野装进米缸

（以上二首选自2015年2月4日《人民日报》）

诗　人

王久辛

哦，上帝
我终于明白了你的心意
是的，我同意
就这样，让我永垂不朽吧
这样一来，我知道
那些恨我的人，与爱我的人
都会在我之前死绝，惟有我活着
和所有与我无关的人事与世界
在一起，这样我一定很寂寞
也肯定很孤独，是的
我知道，但这样我就可以要什么
有什么，比如我要光
于是就有了太阳，我要爱情
于是就有了天下所有的美女
在月光下向我示爱，而我要创造
于是，银河系太阳系
以及整个宇宙的创造力
都会将光芒汇聚到我周身
每一厘的血肉之肌，而我的任何
一个微小的举动，包括一个哈欠
都会导致石破惊天
成为万世开太平的神话
成为前无古人后无来者的奇迹……

让我永垂不朽吧，这样一来
我知道，那些恨我的人
与爱我的人，都会在死绝之后
留下一片沉寂，让我替他们忏悔
为什么？因为我是公平正义
浇铸的灵魂——我超越了爱恨情仇
恩怨纠葛，我象征着人的尊严
——我是人类的化身
——我是诗人
我有丰沛充盈又热血灌顶的激情
然而，我的每一行的泪水
都属于为人的哀伤，属于利他的悲悯……

（选自2015年11月11日《中国国门时报》）

故　乡

王立世

好多人都走远了
我也像旅人一样漂泊
常常站在窄小的阳台上
遥望故乡那轮暖暖的月亮

故乡，在众声喧哗中
依然是一个嘹亮的词语
我不怕孤独
因为我越孤独，故乡离我越近

（选自《青年文学》2015 年第 11 期）

跪在佛前的人

王志国

香火的灰烬是用来绝望的
酥油灯微弱的光
除了照亮卑微的尘世
没有人知道
它还照亮了什么

那么多人手捧经卷，跪在佛前
把心掏空，把悲伤暂时放
在身外在梵呗声中取静
……寂静啊
寺院、经堂，络绎不绝的信徒
平分着这人间大静

我不知道他们从哪里来，要到哪里去
更不清楚他们有着怎样的苦难需要普渡
我只知道他们都是有心事的人
内心的包袱，压得他们喘不过气来

千里迢迢来到这里，不为别的
只为呼吸这里澄净的气息
在内心腾出一点位置
好揣下那些生死也放不下的东西
继续赶路

（选自 2015 年 7 月 7 日中国诗歌网“每日好诗”）

致童年朋友

王单单

莫里哀爬上火车
带着大女儿，回到故乡。她天生
左眼失明，上帝给她一半光明
剩下的黑暗，交给风声与耳鸣

十年不见，弗兰西斯·培根游进宦海
人模狗样，头发一抓就掉一把
微信上说，他上司涉嫌严重违纪
伪造烈日的光斑，篡改月光流动的轨迹

塞万提斯仍然是个光棍，下班时
骑着国产自行车，穿行在昆明的城中村
月薪 3000 元，青春与积蓄
付与夜晚的亢奋。每张钞票下
都压着女人的唇印与呻吟

布考斯基进去了。这个
杂种，最后关头把妻子供出来
1 公斤海洛因，可让他人头落地
如果现在投胎转世，他将比
自己最小的私生子少三岁

正如人们所知，去年我在村西口

见到巴尔扎克，一前一后
带着他拥有城市户口的情妇
依然那么严肃，那么若有所思
就像小时候，他一边放牛
一边默读唐诗三百首的傻样

童年朋友，我还在写无用之诗
我的疯癫和仇恨与日俱增
我终于学会了独自喝酒，醉了
就给你们每个人，都取一个
大师的名字

（选自《中国诗歌》2015 年第 7 卷）

故乡是我的（外一首）

王浩洪

故乡是我的，风不是
风吹过山脉，又越过山顶

故乡是我的，水不是
缺边儿的山塘
一半儿黄，一半儿青

故乡是我的，地不是
青禾没有锋芒，白杨替去松青

故乡是我的，人不是
人有昨天的乡音，人有今天的皱纹

（选自《新诗想》2015 年第 2 期）

回乡记

山水也不依旧。
三十八年
高处已经低头
低处正在抚平
人事未必全非

三十八年
新田长出草木
旧人尚有余温
拄锄细说某某
顺手指指山顶
再也无从看见
岁月碾压的笑
日子锈蚀之声
去了。剩下的只有我们
我们，也差点儿不能相认

（选自《楚天文艺》2015年第5期）

第一场雪

王家新

第一场雪带给你的激动
早已平息了，现在，是无休无止的雪，
落在纽约州。
窗外，雪被雪覆盖，
肯定被肯定否定。
你不得不和雪一起过日子。
一个从来没有穿过靴子的人，
在这里出门都有些困难；
妻子带着孩子
去睡他们甜蜜的午觉去了，
那辆歪在门口的红色岩石牌儿童自行车
已被雪掩到一半；
现在，在洗衣机的搅拌和轰鸣声中，
餐桌上的苹果寂静，
英汉词典寂静，
你那测量寂静的步子，
更为寂静。
抬头望去，远山起了雪雾。

（选自《十月》2015 年第 5 期）

顺 从

王祥康

从桐山溪的源头　随波逐流
现在快要到入海口了
这一段的繁华是不是命运的安排
海水和溪水每天两次争夺
这里的地盘　瘦下去的筋骨
怀着内心的富有
来历的卑微让博大淹没
我顺从每一个行走的脚步
砾石再粗也要踩过　更多时候
是坦荡的波纹
这一辈子命运总关照我
夜不能寐时也有星光陪着
当我坐在江滨公园歇一会儿
似乎听到了不远处的涛声
而这时　安魂曲在内心渐渐清晰

（选自《鸭绿江·上半月刊》2015年第11期）

在八卦城

王新鑫

在八卦城，山绕着水，水绕着山
绞在一起的恋人也没这么长久
而我因为爱情，却不能再爱下去

这一天，我盘坐在卦爻里怀抱日月
像在另一个世界的中心
同特克斯河飞向云端，顺着流水
参悟：上下交而其志同

（选自 2015 年 11 月 12 日第五版《伊犁晚报》）

骨 肉

天 岚

你醒了，世间便醒了
你醒了，声响才有了喉咙

曾经，我的爱多空茫
你的爱，却微小而具体

一只气球充盈你的欢喜
一只风车转动你的笑声

曾经，我独涉暗夜
如今有了你的照耀

时光只是打了个盹儿
你就把万古悲愁都归零

当我从远方披尘而归
夜已深，你在梦乡漫游

此时，竹篮子里浪声已退
满是你的呼吸，轻盈而美妙

或许真是时光打了个盹儿
你醒了，我也醒了

上帝一再把万物区分
又让你我常常混为一人

（选自《诗刊》2015年12月号上半月刊）

情　人

车　邻

一位快咽气的老太太
看着屋外的大树
她说，我想嫁给它
瞧瞧人家身材多壮实
从来不生白头发
她的丈夫说，你省省吧
树干没有温情肌肤
你省省吧，树枝不会
像我的胳膊那样去搂你
你省省吧，它最多
用叶子去逗弄你
你省省吧，它或许是
你前世的情人，可我准备
砍倒它给你做一副棺材
你病得只剩皮包骨了
我要肢解你的情人
给你做副上好的棺材
之后就是一阵刺耳的油锯声
大树晃了晃倒下了
而老太太则像失恋者一样
悲伤地咽下最后一口气

（选自《中国诗歌》2015 年第 10 卷）

温　暖（外一首）

车延高

只是迟早的事，呼吸会从耳畔吹过

长发及腰的你
不要用眼睛制造思念
就像天堂里开花的云朵，不要
怀疑梨花的白
不要怪风多话

尽管泪在花瓣上淌
昨日雨还是为一只蝴蝶忍了哭声
你不该在路走累时，骑着马来
更不该比格桑花野，开满河畔

雪山已经白发飘飘
手里的雪莲开了又谢
当成一次误会吧
草没马蹄处，没冻僵的是温暖

我还睡在你盛开的花丛里

石　匠

能从一块石头的沉默，读出

大山的心思
石匠的性子和凿出的基石一样厚实
习惯了被埋在底层

他们用铁锤和凿子寻找坚硬
手上茧就是LOGO
凿出柱墩、基石、门当、石狮和街石

石匠看重的人
会用青石为他凿一块碑
用一座山的重量去刻，像刻一座山

有人要石匠为他凿世上最高的碑
石匠在凿的时候
把这个人视为凿去的部分

石匠忙碌一生，刻了很多碑
却来不及刻自己的墓志铭
他倒下时
铁锤和凿子都累了，靠在墙边
不说话

（选自《中国诗歌》2015年第1期）

两棵树

瓦　刀

狭小的庭院盛不下两棵树
一棵杨树，一棵是银杏
它们一齐返青，一齐吐绿
常常为一片阳光，针锋相对

当我决定移走其中一棵
当我刨开一小块坚硬的泥土
当我发现它们并不发达的根系
紧紧缠绕在一起

哦——这两棵看似势不两立的树
多么像这院子里狭路相逢的夫妻
在生活坚硬的土层下，早已
暗中和解

（选自《时代文学》2015 年第 6 期）

咆哮，或者沉默

午　声

在时间里孤独
在悲鸣的火焰里奔腾
在天际冲锋陷阵的沙场
清瘦的身影，静止为咆哮的战刀

你看，历史遗落的篝火
你看，现实锈蚀的镌刻
你看，仰天长啸的生命过客
梦里柴篱笆，一只蝴蝶沉默

冷冽的，是马踏日月的光景
狂傲的，是超越膛线的咸腥
摩擦或者寐魇，零落或者苦孽
骨骼寂寞，储藏硬朗的铁和秉性辽阔

夜空，只有夜空，成就你残损的掌纹
雷声，只有雷声，唱和你贲张的热血

（选自《前卫文学》2015 年第 3 期）

灯（外一首）

牛　敏

一只油灯
照亮屋里的一小部分
与大块的黑暗对峙着
仿佛歌谣对峙铁块
静默无声

推开窗
巨大的黑暗压向屋顶
条条唤醒山村的路，变成
黑暗噤绝的蝉鸣

抬头凝望，只有满天星斗
如同无数明灯
与巨大的黑暗对峙着

宁可相信，黑暗外面
有无边的光明
为了照耀我
打的洞

星光洞穿的漂流瓶
与巨大的光明对峙着
孤独、渺小、易碎

内心硌着灯的不眠

一只灯孵化了千年
翘首曙光的利刃破壳儿
化作炽烈的银钉
锐利地，穿过黎明

（选自《星河》2015 年春季卷）

秋风辞

在秋天里说爱，是一件危险的事
枝头的穗都武装到牙齿，或者挂满果实
放胆提及这些干净的言辞
警觉的耳朵就会想：“你比风还要狂！”
天真的花朵和娇嫩的花蕊也觉岌岌可危
其实，我离花朵比冬天还要远
这样担心，只会让清澈的阳光一笑置之

花花草草的路上，我们充满无尽的期待
走进秋天，树还是静了下来
风，却没有离开
不经意的秋波，让一场洪水滥觞
洪水泛滥，能说不是季节的绝唱

还是让我说风吧，夜幕下的广场
朝着幸福的方向，忍住芒刺的痛
抚摸了果实若干的笑容
最后还是停下来，等你走近

听你聊沿途的风景，却佯作漫不经心

人群在孤独中狂欢，你却远离了人群
你的狂欢，是让风扶着走过黄昏
一大片长满荆棘的丛林
所有的脚步行色匆匆，你的脚步直抵
风的心肠，甚至它秘而不宣的洪荒
黄昏为你投下一封写满星光的信

在秋天里写信，就是想让爱回到爱
秋天回到秋天，不再偏离方向
你拆封前，爱是风，后来是一大把光阴
光阴眯入眼睑，就是让风刺痛的流沙
那么柔，那么滑，泪水一样泻落
用尽一生的力量都握不住
只好轻轻地、轻轻地松开

（选自《草原》2015 年第 5 期）

提篮子的人（外一首）

方文竹

他准备了梦的干粮　金属心　镜中景　月亮的锈
走过了暮春的必经之途
他知道　还有一只篮子不在他的手上
还有大神脱下的服装　圣餐的请帖　迷宫入场券
不在他提的篮子里
就像有时候　他提的篮子里空空
就像在小路上他提着烟雾和一座灯塔　有人告诉他
那边坟墓里很热闹　另一个世界里花繁果硕
必有另一个提篮子的人　和他一样
咀嚼着命运的残骸
驻足夜市广告灯箱下　他发现少了一个物件时
身旁走动着另一只篮子
他提啊提啊　在万物中间疲倦　耗尽
这时才看到　在他的头顶上方翅膀提着天空
一个人终归看到大海收容了一切
直到　天地也是一只篮子
“这茫茫不朽的诗篇提着多少人世间感人的词句”

（选自《华语诗刊》2015年10月号）

关于一件旧衣的谈话

"杂货店里除了隐匿的身体就是异乡的风水"
——对　一件旧衣的来历需要正本清源
在时间的放大镜里收拾旧山河
"时间总是令人局促不安　空间却流淌蜜汁"
——穿上就穿上了　或许比时间更合身
"一个明朝的女人在落花村里穿上的
当时大把大把挥霍月光　将恋爱谈到了东海边"
——爱与美是透明的　何须衣装上身
"还要配戴一顶小礼帽　或许遇上文明先生
用一把皮尺呼吸"
——紧身的圣贤也会绊倒于春天的树木
接着是大发雷霆　地为床　天为帐
"任它旧 还要穿　节俭是美德"
——不穿又如何　一只蝴蝶独化成蛹
在时间之外　暗送永恒的尽得真心

不能再谈下去了　再谈就是一件旧衣
越穿越新

(选自《诗歌月刊》2015 年第 1—2 期合刊)

黄昏即景

方良聘

伴随着牧羊人的那声吆喝
暮色悄然地降临了

夕阳　被鞭儿甩落西山的时候
且快且慢的云朵　潮水般涌入安详的栅栏

倚栏而立　倾听羊们咩咩地欢叫
醉了的牧羊人　渐渐地
和身后的草原融为了一体

（选自《诗林》2015 年第 5 期）

暮春：赤壁遥望

心　亦

江山，竟在一江中，
被满江的火光照见得分分明明。
不见了华容道，
也没有翻飞的羽毛，
连带着那声叹息，
都三分而终。
却难敌江东大乔小乔渐行渐远的吴语声，
真真正正地羞闭了月色与鸟鸣。

公元 2014 年暮春：芳草凄凄的岸边，
再无古人。
惊涛里：一叶扁舟忽略了帆影，
马达声由远及近……

（选自《青年文学》2015 年 8 月号）

老房子

尹　坚

从来没有感到有什么异样
直到最后时刻的来临
在这搬空的老房子里
发黄的墙壁和空荡荡的屋子
让人感受到家徒四壁的滋味

今后会有什么人进驻
是否会像我一样善待你
还会发生怎样的故事
这一切的一切都不可预知

年幼的女儿窜出窜进
试图要把这里的一切
都存入她的眼睛
门将关死的刹那
她急得哇哇大哭
眼泪汪汪的她，似乎想把
快乐的童年永远留住

我忽然也有些难过
关上了门，就像永远关上了我
以往在这里的所有生活
此后，我怕再也没有勇气
敲开这户陌生人家的门

（选自《边疆文学》2015 年第 2 期）

小　路

玉上烟

午后，我独自在一条小路上散步
不知它尽头伸向哪里
也不见有人经过
小路两旁是苍老的银杏树
刚下过雨，鹅黄的叶子结满了
颤动的水珠
它们簌簌飘落
这里，再厚的落叶也无人打扫
我久久地凝望着清冷的天空和
孤零零的远山
前方几十米处，是一个幽暗的水塘
不时传来鸟鸣声
当我慢慢走近
池塘左侧，出现了一个墓碑
我小心翼翼地蹲下身来
上面的字已经模糊不清
我徘徊着，全身突然起了凉意
“通往墓地的路是最安静的
你要吸取教训”
“大喜鹊与乌鸦在墓地争鸣
难不成那些鸟儿真的与死魂灵有牵连？”
我想起了两位朋友的对话
我突然意识到

小路的一切都不像是真的
所有的，仿佛并不曾存在，包括我
也像离开了人世很久的人

（选自 2015 年 12 月 7 日中国诗歌网“每日好诗”）

给父亲写信

左 岸

月光照耀的树枝，有了鹿角的神秘
我推开夜色，给父亲写信

父亲说，还是老传统写信好
摸得着，看得见
想起我了就掏出来瞅几遍

我一个字一个字地写着
仿佛看到父亲头戴狗皮帽子，身披白皮袄
脚蹬乌拉鞋，手牵鄂伦春猎犬
守护林海雪原的模样

打开皮囊酒壶一饮而尽，点一袋关东烟猛吸几口
一路拾起冻碎的月亮
听篝火唱起红色的歌谣

沉浸一波波把我送向远方
我要告诉父亲，我不会停止写信
只要时钟不停下脚步

（选自《岁月》2015 年 8 月号）

过渡时期（外一首）

北　岛

从大海深处归来的人
带来日出的密码
千万匹马被染蓝的寂静

钟，这时代的耳朵
因聋而处于喧嚣的中心
苍鹰翻飞有如哑语

为一个古老的口信
虹贯穿所有朝代到此刻
通了电的影子站起来

来自天上细瘦的河
穿过小贩初恋的枣树林
晚霞正从他脸上消失

汉字印满了暗夜
电视上刚果河的鳄鱼
咬住做梦人的膀胱

当筷子拉开满月之弓
厨师一刀斩下
公鸡脑袋里的黎明

（选自《上海文学》2015 年 8 月号）

新 年

怀抱花朵的孩子走向新年
为黑暗纹身的指挥啊
在倾听那最短促的停顿

快把狮子关进音乐的牢笼
快让石头佯装成隐士
在平行之夜移动

谁是客人？当所有的日子
倾巢而出在路上飞行
失败之书博大精深

每一刻都是捷径
我得以穿过东方的意义
回家，关上死亡之门

（选自北岛诗集《在天涯》，三联书店 2015 年 6 月出版）

回故乡

北国雪

村子，在山的那边
茶青色的池塘，倒映
远不可及的事物
一只鹰从自己的影子飞过

群山之中
那些熟悉的橡树
用无序排列的热情
演唱一首七彩秋歌

夕阳喜欢坐在山顶
倾听流水
而此刻有一片云
正从泉韵的夹缝行走

面对山我只有沉默和崇敬
风吹过来，万物之心都在颤动
崖柏，我生命的菩提
伸出手臂，与我相拥

落叶掩盖了小路的抒情
啄木鸟敲响木鱼
故乡，我心灵的寺庙近了
黄昏正提着月亮回家

（选自 2015 年 12 月 15 日中国诗歌网每日好诗）

那年，我闻不出大米的气味

卢　辉

小时候我家的米缸
有一半的大米是祖国的
虽然老师没教我们读唐诗
我也不知道盘中餐里的大米
粒粒
都那么辛苦

后来学校发了一本红语录
说米粒也有阶级和斗争
我特地跑到田里
闻一闻王大龙的稻穗
凭我的嗅觉
一时还闻不出他
地主的气味

有一天，我跟着爸爸到了镇上
用粮票买回一袋大米
我不知道那袋大米
会不会是王大龙交出的公粮
到了吃饭的时间
我端着碗
扒了几口
米粒到了嘴边

我还是吃不准

这一碗米饭是哪个阶级的气味

（选自 2015 年 5 月 19 日中国诗歌网“每日好诗”）

一生一世（外一首）

叶延滨

我来的时候，这个世界叫做战争
一个人十个人一百个人刚被杀死
没留下名字也没有悼词
我来的时候，手术室没有暖气
冬天刚刚开始，而饥饿
早在门外守候，跺着脚听我的哭声

我哭，因为我好像听见上帝
在向我宣布我未来的一生——
经历两场战争，三年的饥荒
十次失去亲人的痛哭
一百零二次考试，一千零一次失望
五十八次被诬陷或被坠物击中
三百八十次抄写检查和思想汇报
七十五次羞辱，从幼稚园开始
到登报批判还装进内部传递的文件
吞下五百斤西式药片和中式汤药
翻过三百座山，六十八次受骗
溺水和车祸以及飞机失事，三选一
活下去的机率三百分之一……

我大声的哭叫，因为什么？
因为我好像看见上帝对我说——

孩子，这些就是你的单程票
不退不换，不附保险……

荷花记

太阳用光线的帚尖
挑起三滴露珠
落在两扇荷叶上
荷叶上的露珠滑动
滑向早晨九点，正九点
一朵粉红色的嫩荷花开了
不羞不涩地开在九点

我前面的那人，在九点
按下快门，摄入九点的荷花
我后面的那一位，飞一样消失
消失像一阵疾风
风尾巴留下一句话——
我赶去明年的此刻此地
等另一朵九点的荷花……

我呆立在荷前
与荷相对无言
说什么呢，无言正好
我不能说我的脚变成了藕
把我固定在荷塘前
让我俩一秒一秒
相视相守
变丑变老

（选自《扬子江诗刊》2015 年第 3 期）

雪 人（外一首）

田　湘

一个人老去的方式很简单
就像站在雪中，瞬间便满头白发

没想到镜子里，有一天也下起了大雪
再也找不到往昔的模样

可我不忍老去，一直站在原地等你，
我固执地等，傻傻地等
不知不觉已变成雪人

我因此也有了一颗冷酷而坚硬的心
除了你，哪怕是上帝的眼泪
也不能将我融化

（选自《诗选刊》2015 年 12 月号）

沉 香

无法沉下来的
是一片浮云
袅袅而上的
是一缕青烟
穿越尘世

跨过死亡的门槛

凡尘之人
总有无尽的烦恼
谁又能把万般的苦难
轻化成一阵清香

道与非道
朽与不朽
只在一念之间
穿越了
就抵达了彼岸

（选自《海燕》2015 年 9 月号）

长蒿草的老屋（外一首）

田　斌

爸走了，妈走了，老屋就空了
上了锁的老屋
院子里就开始长草了

院子里不见老鸡带小鸡
也不见小狗摇尾巴
母亲在的时候
总有鸡鸭围着她

没有人管的蒿草可放肆了
一个劲地往上长
有几株好事者
小偷似的
爬在窗台往里瞧

空了的老屋
像个没人管的野孩子
不洗脸不洗澡
蓬头垢面
看了，就让人心寒

（选自 2015 年 8 月 4 日中国诗歌网“每日好诗”）

在尘世间奔走

找到一条属于自己的路很难
不走自己的路，更难
这尘世，有太多的路，大路小路
弯曲的路笔直的路，十字路，三岔路
高架路，立交路……
看得见的路看不见的路
因为难，我总不停地在尘世间奔走
有时朝前看，有时朝后看
走走，停停，都不是我说了算
其实，人生就是一条坎坷不平的路
历经周折，方知
走到尽头，才是归宿

（选自《青年文学》2015 年 8 月号）

关于乡土

田鑫红

无非是栽点瓜、点点豆
再播些玉米、小麦，忙着春种秋收
无非是庭前移花、养草
后院植树，在夏日听蝉、秋夜赏月

无非是尘满面、鬓如灰
生前在土里刨食，死后仍归于泥土
无非是用尽一辈子力气
努力挣脱了它，夜半梦回
却患起了乡愁

（选自 2015 年 11 月 23 日中国诗歌网“每日好诗”）

念　想（外一首）

代红杰

那一年我来到太行山中
我知道白天我不能安静下来
我决定在一个山民家中宿夜
或许会在夜深人静时
成为一块淡定的石头
百年之后
从石头中走出一个小佛
就在那一刻
忽然接到单位周末加班的电话
还有一次
也是这样
从此之后
尽管也曾多次在山中留宿
却断了成为一块石头的念想

年

从此，我进一步长成
再苦的日子，也不说：度日如年

因为，我知道，那么多的人
那么多爱我的人

比如我的母亲，已无日可度

现在，我说：爱今天
爱每个今天，就是为她们守孝

我必须，念叨着天堂，爱恋地球

（以上二首选自《青年文学》2015 年第 8 期）

诗，不是诗句

白鹤林

从结尾来看，诗的确是无用的。
它甚至连灵魂都无力救赎。
但当我们尝试着来解读章节和开篇，或者
回顾那些被记录的人的命运，
你会发现：诗，正是阅读本身，
以及我们正在遗忘的部分。这就好比：
当熟透了的柿子掉落到了地里，
诗就是柿子；如果老练的警察终于
揭示了事件真相，诗就是警察；
或者你是睿智的旁观者，拥有激情
也懂得节制，诗也是你……
尽管很多时候，这一切都恰恰相反！
但反过来也是如此：青涩的柿子，
愚蠢的警察，和得了健忘症的旁观者，
依然全部是诗。这也正是故事
想要告诉我们的：诗，不是诗句！
（但显然这令人难以置信。）
而如果我说，诗是少女（有时候也是老人）
给这个世界提出的一个难题——
没有答案的疑问，你或许会有所顿悟。
不言而喻，那才是诗。

（选自《四川文学》2015 年第 8 期）

蚂蚁在大地上生生不息

乐　冰

尘世的关照，随处可见
有烟火的地方
温暖随时可以降临
你听，河水在静静地流淌
就像大地在轻轻地呼吸
星星在水波里晃动
它会触动我心底最柔软的羽毛
那些被我们追逐的
都是身外之物
蜜一般的生活与阳光同在
在汗水里葱茏
我看到种子在春天发芽
蚂蚁在大地上生生不息

（选自《花溪文学》2015 年第 3 辑）

月亮上住着我已故的亲人（外一首）

冬　青

月亮　不但是李白的
也不仅住着玉兔和嫦娥

我已故的亲人　从万丈红尘里拿回了自己
纷纷投奔　天上的故宫

他们来自人间　曾经对天发呆
如今站在天顶上　俯视大地　万念俱空

领教过俗世的纷争　寡情和防不胜防
所以比神更体恤　护佑具体　双手合十

盈月额头饱满　有用不完的智慧和光明
带着圣旨普照　顺便洒下对尘世的释怀和大度

借半个月亮为耳　聆听或者回忆
地面疏桐流响　儿孙咿呀学语　一切都已久违

下弦月是笑弯的眉眼　上弦月抿起了嘴
众生不断退席　人间仍是山重水复　子嗣绵延

无月之夜　冰凉而空洞　故人们集体沉思
人间那么多闪烁的灯火啊　今夜要坚持长明

他们羸弱　无缚鸡之力　捆绑不住闪电！
在天庭倾圮之前 搭乘雨水 赶往奈何桥 张望或是诵经

月色重归辽阔　继续为千条江河上釉
层峦叠翠　海面有熟悉的碎银

这人间的美好　不贪恋 不滞留 不回头
仿佛稍一迟疑　都会使羽化的肉身蒙羞

我已故的亲人啊　把天空披在身上 把大地当作飞毯
在莲花般云朵里穿行　顺手摘下平等 互敬和永恒

梦

夜 不约而至　睡眠在黑暗中沉浮
梦是睡眠的悬浮物　抱紧了黑夜和鼾声

厮守全人类的夜晚　却不曾与谁照过面
趁我跌进熟睡的深渊　袅袅身影才肯出现

渺茫的轻　绵薄的轻　蹑手蹑脚的轻
带着希望和绝望 比轻还轻地纠缠我的沉睡

有时派发点快乐　使用一种蜻蜓点水的手法
有时制造点刺激　看我轻衣薄衫　落荒而逃

无端的惊悸　乱了酣眠的方寸
赶紧捏一下物质的身体 驱散那些不讨喜的结局

遇见往生 命犯桃花 直至撞见另一个我
遇见向死 撒腿奔突 求生的欲望将梦引到了出口

点上一盏尘世的灯　望一望新月如钩
即使睡梦沉沉　也不肯离开半步啊，这可爱的人间！
梦把人生拉长缩短　为黑暗添了点光亮
仿佛也赠予了我一段　不一样的人生

有一天 我赌气　打算与它绝交
它丝毫不理会 没等我入睡 抢先蛰伏于我的眠床

只好顺水推舟 期待每天与照耀内心的部分相遇
以静止之身　接受梦的穿越　从此不言放弃

天一亮　光芒将昨夜的梦一丝丝抽走　不可挽留
好比人生一过　永不醒来的睡眠将我认领　不许回头

（以上二首选自《上海文学》2015 年第 8 期）

把根留住

包容冰

别离故乡多年，其实
我永远没有走远
在城乡接合部的地方
扎下肤浅的营盘，认假当真
在是非不断中一边卖矛
一边卖盾。躲过明枪
又躲过不翼而来的暗箭

灾难一次次擦肩而过
有惊无险中领悟了神旨
我把仇视的心转化成悲悯的泪水

家园在地动山摇中成为废墟
那么多坏朽的椽梁睁着流泪的眼睛
仿佛父亲临终前痛苦的呻吟
党恩浩荡呐，四万元重建补助
不是小数。谁在化腐朽为神奇

有人建议卖掉庄窠
穷山旮旯有什么发展
我常常想，我是穷人的孩子
那里有我贫穷的祖先的坟茔
和生长青稞、土豆、胡麻的土地

那里有我的祖宗和父老不散的阴魂
等待明心见性的圣贤

树叶落了
树枝存在
树枝断了
树根存在
把根留住
我就留住了生命的源泉
还有机会在下一个春天
与更多的人谋面

（选自《延安文学》2015 年第 3 期）

生 涯

冯 娜

在江边出生的人
一生中会遇见一个瘸子、一个哑巴
一个破坏仪式的女人
一个疯癫而正直的男人，在山洼里修路
他的童年，是一段被震聋的路基

江水哗哗，只淌在它渴望领会的土地
只带走它能够超度的亡灵
多数人知道它的光辉
少数人隐藏它的黑暗

（选自《诗刊》2015 年 11 月上半月刊）

一个人的乌托邦

兰　雪

疆域不必太大
能转身即可；海拔不必太高
站在高处，能看清体内的矮子即可
在这个世上
滞留的时间不必太久
从盛开
到凋零，花蕊上
能放下“从容”即可
墓碑不必太巍峨
高度与宽度，刚好写下一个人的名字
即可——

（选自 2015 年 12 月 1 日中国诗歌网“每日好诗”）

我接受这样的指令（外一首）

吉狄马加

我接受这样的指令：
不是拒绝冰
也不是排斥火焰
而是把冰点燃
让火焰成为冰…

鹰的葬礼

谁见过鹰的葬礼
在那绝壁上，或是
万丈瀑布的高空
宿命的铁锤
唯一的仪式
把钉子送上了穹顶
鹰的死亡，是粉碎的灿烂
是虚无给天空的
最沉重的一击！没有
送行者，只有太阳的
使臣，打开了所有的窗户……

（以上二首选自《山花》杂志 2015 年第 12 期）

在故乡我成为没有故乡的人

老　巢

我不该回来，或者应该夜里回来
阳光让真相大白，让我不信自己的眼睛
这庸俗的砖与垃圾与一小块
又一小块脏水堆起的，冷清的村庄
让我像个外地人，清明的爆竹和纸烟里

与地下亲人窃窃私语：你们死去
故乡也死去。我把归来的脚步放得很轻
还是惊动了神经质的羽翼和草
新建设瓦解穷日子，也拆掉了旧居
新的会变旧，就像今天回家上坟的游子

也将被埋入黄土。骨头在雨水中生锈
在油菜花短促的芳香里酿造出
另一个节气。穿过四月青涩的麦子
我面目全非，在故乡成为没有故乡的人

（选自《安徽文学》2015年第11期）

秋风祭（外一首）

亚　楠

我理解的静默是秋天
一棵树在水中把它的倒影握紧
很显然，并没有看见狼群
用长嗥驱赶落日

问题是，霜冻降临了
草都回到梦中，只有雪豹
把夜幕拉长

但那岩石裸露着，以长者的眼
他又能够看见什么？

或许，就在眼前，白桦林
静谧的呼吸正在打开
秘密通道，也就是它沉沦的河床
都回到了青铜时代

就这样，风关闭了门户——
在那里逗留，我细心呵护的
花朵刚刚盛开

虹

但我不会继续朝前走了
不会眺望，若一只鹅对着天空
拍打它的黑色翅膀
也不会喊出你的名字

这样，我就可以心安理得
可以透过阴霾
看见狰狞比雪崩更具杀伤力

而虚空潜藏的笑脸
是粉碎机在高空抛撒骨灰
之后，我的倒影
把自己装扮成瘾君子

进入了它的夏天。进入彩色子宫
留给荒原一段佳话

这意味着，风暴也可以成为
绵羊。但必须露出头来
以便我能够看见自己

（以上二首选自《诗选刊》2015 年第 12 期）

鸽子

西　娃

从有记忆起
他从不轻易
杀生

去年
他为生病的母亲
杀死了
一只鸽子

之后
他的每个夜晚
每个梦境
都与这只鸽子
有关

“被我杀死的
鸽子
定然还活着
我用忏悔
养着它”

（选自《诗潮》2015年第12期）

蚯蚓之舞

成都凸凹

鸟的舞
排开雾

鱼的舞
排开水

人的舞
排开人

没有比蚯蚓
更困难的了

蚯蚓的舞
排开土、排开大地

蚯蚓的舞
排开地狱，和亡灵

为了这天塌地陷的柔柔的一舞
蚯蚓把体内的骨头也排了出去

（选自《诗潮》2015年第12期）

六月将尽

年　喜

六月将尽，整个六月
我没完成一件事情
父亲躺在床上
一日小过一日

人间留给他的时日
已经不多
而留给我的还有多少
我每天三次去看他
无非是十步看五步

向南的窗户每天开着
木花窗格是他早年的手艺
昨天夜里　他从一场昏迷中回来
突然对母亲交待：我走时
带上我的木匠斧子

六月将尽，地里的玉米
长到一人多高
空山灌满了蝉声
只有新来者安抚着将去者
只有时间接过人间的法门

（选自2015年8月7日中国诗歌网“每日好诗”）

我将火机放在一首诗里

任　立

我将火机放在一首诗里
放在阿波里奈的一首诗里
塞纳河就着了火
这着火的塞纳河在我流浪的九月
在蜜腊桥下扬波
看着滚滚奔流的黄浦江
它是否就是阿波里奈的塞纳河
我把火机放在一首诗里
放在曾多灾多难的中国
塞纳河流淌着阿波里奈的浪漫阿波里奈的爱情
黄浦江上却堆满我的迷茫我爱的泡沫
黄浦江上驶过一艘艘巨轮
塞纳河上荡着一只只舟叶
这些江河载着我贫瘠的灵魂飘泊
我将火机放在一首诗里
放在我流浪的九月
塞纳河是等着夜幕降临听着钟声从蜜腊桥下扬波
黄浦江是在黑夜中听着我心的呼唤从东方明珠塔旁流过
如果我是一个打火机
谁又会将它放置在哪首诗里哪条江河？

（选自《青海湖》2015 年第 14/18 期合刊）

鹰（外一首）

华万里

天空显得方了，而鹰，还在
那么圆地盘旋
一圈、又一圈，目光犀利，大翅时而竖立
时而横扫，而铁爪下伸
也许，一个俯冲
就会扯直那个歪曲河流的巨大急弯
或者，毫不犹豫地
提走那座
在江边困惑了很久的山峦……

亡蛹

那只亡蛹，摆在枝上一片嫩叶中间
不是苍白，而是血红
我看见了它
坟墓状的孤独，小丘似的苦闷
也想象出，它老死时
那一瞬，满天新蝶
从它的体内
兴高采烈地飞出……

（以上二首选自《诗潮》2015 年 4 月号）

擦玻璃的人

向天笑

擦玻璃的人命悬一线
抬头看去像蝙蝠一样
爬在高大的玻璃幕墙上
其实更像一个提线木偶

擦玻璃的人没有恐惧
站在悬空的跳板上像站在独木桥上
他没有心思看别处的风景
但站楼下的人把他当作高高在上的风景

高压水枪冲洗过后的玻璃
似乎像他孤寂时一样，泪流满面
他来去自如，上下左右不停地擦洗
不让玻璃幕墙给灰尘留下一点死角

他感觉自己是高空中的一块抹布
拼命擦洗听不见里面声音的真空玻璃
像擦洗总隔了一层又一层玻璃的城市
只是这座城市用一根绳索套住了他

（选自《长江文艺》2015 年第 12 期）

草　帽

舟　歌

那麦秸编织的草帽
很粗糙，像一朵朵朴实的花
开满了故乡五月的田野

我敢肯定地说
戴着草帽的母亲最美
烈日下，一株向日葵
迎风摇曳
生活就这样在母亲的头上
整日地打旋
岁月风干了的年轮
为母亲撑起一片晴空
我常常看见
帽檐下，一双焦渴的眼睛
总被滴滴汗水盛满

当然，我更欣赏
父亲对草帽的那份感觉
荷锄返家的途中
他总是用草帽当扇
去享受耕耘后的那份清凉
他回到了家，放下锄头
把汗渍渍的草帽挂在墙上

一幅农具的静物写实
就这样宣告完成
一切都弥漫着泥土的芳香

现在，草帽已经很少见了
在城里绝对看不见
它们中的一些
飞进了布满灰尘的民俗馆
还有的，被景点拿去
充当了另类角色

可是，想起父母
我就会想起草帽
就想戴着草帽，重返田野

（选自《钟山》2015 年第 1 期）

清宣统二年（外一首）

冰　风

这个年号与我毫无关系距今非常遥远
可是，在一块斜靠在荒草丛的石碑上
清晰地读到这几个工整的楷书
我听见石头在和他的子孙说话

一位戴瓜皮帽留长辫的慈善老人
悠闲地坐在一棵岁月的老树下晒太阳
他居然是我的骨肉亲人在清宣统二年
和属于他的那个历经 275 年的朝代
一起从夕阳中离去

初冬还不算寒冷的风吹动凄凄枯草的
思绪，像不肯移开的长满银须的目光
谁曾经深宅大院妻儿成群
谁曾经良田百亩长工遍地
谁曾经饱读诗书修身齐家治国平天下

天空只轻轻翻过一页古老的黄历
像黑暗之手打开一扇悬崖的暗门
一切皆在瞬间消失的无影无声，乌鸦
也来不及通风报信

感谢脚下出现了这块经风沐雨的石头

失重之际无意绊倒了不忍松手的年号
让这一片宽阔的墓地定格在了清宣统二年
风雨中的芳草荣了又枯，枯了又荣

我不禁幻想着那个唢呐喧天幡帐如云的
热闹场景　躲在密密麻麻人群中的我
头发尚没有长够留一条漆黑发亮辫子的
长度，偷偷从人群里寻找邻家的小花辫
衣兜里的手机却响起了，朋友兴奋地告诉我
从网店上低价淘到了一枚清宣统二年的银元

（选自《星星》诗刊 2015 年第 1 期）

打水漂

儿时，最心动的涟漪
源于一块薄薄的片石
把愿望倾斜压低
贴着平静的湖水屏息瞄准——
从湖面惊飞出去
一只掠水而过的白鸟

那接二连三呈现的韵律
一圈、两圈、三圈……
永远闪烁着美丽而神奇的回忆
每当我遇到困难
就会一遍遍回忆那片石激起的涟漪

生活多么像平静的湖水

而命运的石子啊
根本不知会在什么时刻
击中你的幸运或不幸
像随意打过的水漂 向湖心飞去……

（选自《草原》2015 年第 4 期）

关　门

庄　凌

母亲年轻时也拥有山水起伏的玲珑身体
可她的春天太小了
万紫千红都被庄稼和茅草覆盖
她总是把门关得紧紧的
把幻想与故事关在了门外
这一生她只为三个人开过门
一个是父亲
另外两个是她分娩的儿女

母亲的钥匙在别人手中
而我的钥匙在我自己手中
我爱粗茶淡饭也爱灯红酒绿
我爱晨钟暮鼓也爱潮起潮落的快感
我不会把门关死
也不会为魔鬼开门
你转动锁孔，宝藏就为你打开
你是我相见恨晚的人

（选自 2015 年 11 月 9 日中国诗歌网“每日好诗”）

遥望或者期待

庄伟杰

独坐于南十字星空下。与你
对话。我想驾驭一种水仙的语言
借用天马的神力，托运绿色的气息
携带海风的问候，捎去季节的心声
告诉你——
在另一个半球，思念的狂风折断月光
重温在异域一起畅游狂欢的情调
那些蓝色已不再是曾经的蓝

雨声在天空说了些什么，只有大地懂得
在时光的隧道中穿梭，在漂流的世界里沉浮
遥望或者期待
荡起手中之桨，划动一池涟漪
时光的变幻，雨水的歌吟，雷声的悸动。惊心
动魄！孤独的灵魂正在倾斜
生命会渐渐老去。心与心的相依不老，澎湃的激情不老
而爱与美营构的图景，清晰可辨

（选自《中国诗人》2015 年第 1 期）

三八节

刘　川

三八妇女节
我一个人
悄悄地
溜出了家庭
溜出了婚姻
可大街上
一个人也没有
我马上又
回到家里
回到了结婚证上
我从窗口
往外一看
三月九日的日头
快升起来了
大街上
像民政局里边的
登记处一样
人们又会
乌泱泱地
涌来了

（选自《鸭绿江》2015年9月号）

花 园

刘汉通

我的花园之所在，落英缤纷
看眼前美景，红之所属
绿之所属，很少的惊喜捆绑住
蜜蜂细小的触针，忘情地吮吸
忘了雨中凝望，忘了枝上倩影。
还有谁记起她打开时的朦胧，
那一霎那的振动，那么多的翅膀
扇动时间的蜜，世界的甜——
啊！如此的静，如此的净
我多少年的花园才有一次？
践踏枯枝下的蝶，一场梦中的焚烧
等于我挥镰割下千万芦苇的头颅；
红泥中的蚯蚓，它可以看见
整座花园的孤独，弯曲并深陷；
我可以这么说：勤劳就是遭罪，
只有享受是对的，只有遍地青草
知道风是怎样吹，地下的泉水
如何汇成波浪，完成所有的大海！
——我又如何才能完成我的花园，
我的现在，将来，或过去的一切？

（选自《作品》杂志2015年第7期）

鬼子坟（外一首）

刘向东

这个鬼子
一脚就踏上了错误的道路
故乡在他的大头靴里
征途在遥远的他乡终结

埋地雷的人
把他
埋在了
埋地雷的地方

鬼子坟
是不是另一种形式的占领？
这是我们的土地
连孩子也知道
我们的！

要不就让他留在这儿？
让他反思其实并不遥远的历史？
让他说说
都看见了什么？

你不是我们请来的
或许也不是你情愿来的

不管怎么说你得想想
为什么你来了但不能回去

鬼子坟
对于我们美丽的乡土
永远也不会成为风景

（选自《中国作家》2015 年第 9 期）

记忆的权利

我父亲刘章，那时还小
鬼子是怎么来的
他不知道
只记得黑夜里野狼的绿眼比树还绿
而白天到处是明晃晃的刺刀

他记得我奶奶养猪养羊
想要养到过大年
可无论如何也养不下去
白天鬼子来抢夜晚野狼来叼
有几回险些连他也抢走
有一回叼走了他的破枕头

他记得我爷爷被抓走了
抓到关外去了
还被抓走了一杆烟袋
（后来他去瑷珲寻找亡灵
连一缕烟也没找着）

我父亲刘章如今已老
作为诗人
想把一切想得美好
想来想去不能忘记
那么多年过得不像人
忘了山桃花儿开忘了酱滋味
而血债至今还不曾讨还
他们呢
他们之所以忘性大
是他们家还有锅碗瓢盆
还有大酱缸
还有樱花一树一树开过去

（选自《人民文学》2015 年第 8 期）

说着说着就老了

刘高贵

说着说着
就老了

当红颜消尽　腰身已驼
曾经的嫩芽都变成了连天衰草

当儿孙们星散四方
所有的思念都有了自己的结果

当你每走几个台阶
总要停下来默默地等我

我就觉得　老就老吧
就这样老去　其实也好

（选自《赤水源》2015 年第 6 期）

走婚人已走远

刘　燕

你的咣当酒　还摆在老祖母的灶台
茶水没凉　糖盒儿依然
昨夜　你四肢并用攀上我的花楼　余温还在

可今夜　你却以祖先栖息树上的姿态
攀缘隔壁姐妹的花房
见异思迁　比秋风扫落叶还快

你心里只想着走　而婚的骨架随意拆散
那密集的种子　还抱着花露跳跃流连
播种的人　已准备把更多粮种撒进另一片田

走婚　因为行走的路途没有天高地远
翻云覆雨的正果　修成瞬间
悲剧何须彩排　花开美妙　花落凄然

（选自刘燕诗集《落雪有声》，四川文艺出版社 2015 年 11 月版）

登岘山

安　子

踩着午后的碎银，我们登上了岘山
用满身的皲裂与挺拔
听风，听涛。看上去绝不英雄气短

你一会喂我香干吃，指给我看远方
隐没的红色小径，鸟鹊从眼前飞过
鸟鸣一丝丝，滴入我们的耳朵

岘山有《十言》
我们一行四人，抵达中年
仿佛山中爬行的蚂蚁，卑微，不为人所知

经过山腰那一座黄花梨浮桥
我们走出山林，恍若从西雅图归来
头顶的光阴，疏朗，明亮，洒满一地

（选自《汉水》文学双月刊 2015 年第 2 期）

鸟 笼（外一首）

阮文生

世界上最小的天空
没有一块云
没有像模像样的风

一只鸟
从细杆上跳上跳下
毛有点脏有些破损

一片叶子
一个多么难得的梦
爱情
不比一口水近

调子是现成的
就在嘴中
藤条编得精致
刷了漆　还带些花容

一只鸟和一个天空
在一只手里甩来甩去
男人和女人在跳舞
太阳半阴半阳着鸟笼

影子

太阳落了
它们活得更过瘾
不再在叶子里
小声嘀咕躲着光明
它们到处都是
爬上高楼爬进锁孔
甚至爬进一些表情
叠到一起
繁殖更多的影子
分不清谁轻谁重谁浅谁深
它们茂盛得连夜晚都装不下
有时却莫明其妙地
落进人们的心中

（以上二首选自《青年文学》2015 年第 8 期）

定风波

孙　梧

我这个贱命，是黄泥地里的野草
风一吹，就弯下瘦弱的腰
请原谅我的卑怯，至今还无法言说一树梨花香
请原谅我
再温一壶小酒
温醒了邻家女孩旧日的模样
几只斑鸠挣扎着身躯，出走时迷失方向
写诗的王一存去了宋庄
昨日又有几户人家搬进了城里的安居房
他们都去流浪了。我还是藏身于村庄
种花养草收庄稼
至今收不到网络信号
幸亏桃花开了，荠菜在田野疯长
原谅我吧，还活在土里的老乡
旧曲新词，也唱不出当年的腔调
只有风吹，吹在了草倒的方向

（选自《星星诗刊》2015年第6期）

隐形人（外一首）

孙　萌

隐形的铁人在沙漠行走，以雕像的步伐丈量时空
无形的锁链在她的周围破碎，散落成圣所的喷泉
这是她的真身。她的隐匿之地。
一只手打开尘封一个世纪的时间囊
在密密麻麻的数字之间，在末日与新生的缠绕中
理出一个秘密。一个约定。一只手的虚空

她看见闪着蓝光的精灵嘴里衔着一块彩色的石头
一匹马奔跑在银河用声音抓住空气

流动的风景

影子上的人在雨中行走
身后的薄冰被目光灼透
融化的冰川纪拖着一些羽毛
紫蝴蝶的图案镶嵌在鳟鱼的尾部
翅膀上的斑点看上去像灰白的鳞片
画在水面上的水彩与纸上大海
在枯笔的渴中，光的乐谱露出飞白
如同攥紧的拳头张开
钢琴落进海底，音乐开始燃烧
头发与意识一根一根剥落

喘息声中冰块的碎屑随着蝶群飞走
两种消失相互挤压
在窒息的地方死亡正在死亡
一间空房子里只有空气
我们，是空气的影子
明亮的尘埃

（以上二首选自台湾《中华诗学》2015 年第 1 期）

江湖宴饮歌

孙文波

待在家是修炼意志，出门是聚众吃喝，
在杯光酒影中，看见一个时代的风景：
美丽的颓废。我不反对颓废。我喜欢酒桌上
让灵魂高高翘起。身体的政治是：一个人
是诗人，一群人是混混。所以，我不说
我是一大群人中的一员，我不说共同的事业
支撑了我们的行为——写作，是孤独的事，
它首先与别人为敌，然后与自己为敌；
我早已知道我是我的敌人；年轻时过去是
敌人，到了年老时敌人是未来——如果
在酒桌上谁向我谈论诗，他就是在向我谈论
战争——在酒的烈焰中，我看见血染大地。
或者说我看见朔风烈烈，漫天旌旗嘶鸣。

（选自2015年12月16日中国诗歌网“每日好诗”）

亮的灯黑的灯

孙启泉

一座大楼就她的一盏灯在为我亮着
一座大楼就她的一盏灯在等我的到来而熄灭
在黑暗的房间里　我们呼吸急促
手指在不安地触摸
像要将彼此点亮
而我们潮湿　水光荡漾的眼睛
一刻也没有熄灭

（选自 2015 年 9 月 1 日中国诗歌网“每日好诗”）

稻 草

严　薇

稻草一生都与泥土有关

春天，作为种子陷身泥土
最大的渴望，是从泥土里出来
幸福地晒晒太阳
在泥土之上的空间寻找自己
从一株禾苗，到另一株禾苗

夏天的时候
因为有爱，禾苗从根里抽出稻穗
此时，他们开始学会挺直腰板
拥抱土地，拥抱水！稻穗开始扬花
从骨子里渗出的芬芳，在风中飘来飘去

秋天，还是因为爱
他们从根茎里抽出金黄的谷粒
谦恭地弯下腰去，一直垂到土地的边缘
和弯腰劳作的人们一样，从容地贴近大地

谷粒归仓！现在，作为草垛
多好啊，它们站成了一座座山丘
看着大地，和大地上风尘仆仆的人们

（选自《创作与评论》2015年6月号上半月刊）

而今夜月亮只有一个

苏　浅

我确信石头和石头挨紧有温暖。
鱼和鱼交尾有未来
岛屿和岛屿之间也有眺望——

而今夜月亮只有一个。
而今夜月亮一个也是多。月光千里
你站在哪儿都是和它站在一起。和这不能拒绝的命运：
一个陷在光明里的人，
连悲伤也没有理由。

（选自《诗潮》2015 年 8 月号）

风暴一种

苏　省

想起平原外你曾涉足的山峦
就抬首看云
黄昏时他们时常不近人情，脸色铁青

仿佛世间全部的苦厄就此升腾
游荡于我和神明之间
这诡谲的莽莽群山令我如此不堪、不甘

想起你我烈风般的爱恨仍令我羞愧
就无风可藉。就等待群山
腾出尖锐罅隙，示我以闪电

（选自 2015 年 9 月 15 日中国诗歌网“每日好诗”）

荞麦花开

苏　菲

秋高气爽，仰头望去
一湾压倒式的梯田
彩蝶纷纷，荞麦花开得正浓
成群的蜜蜂在花间低吟

蜜蜂和彩蝶铸成的花海
自然赋予它无尽的芬芳

午后若想打个小盹，去花海吧
仰面躺下，小伙伴千呼万唤
也寻你不着，甜甜地做神仙美梦

此时，时光如若重返
我便携了心底的诗行
在九月的清晨出发
回到花海深处，彩蝶曼舞
蜜蜂低唱，沐浴荞麦芬芳

爸爸说现在退耕还林了
荞麦花开时节是无边的林海
一阵松涛脆响，一股松香袭来
仰头望去，山尖上云雾缭绕

（选自混语版《世界诗人》季刊 2015 年 6 月号）

七　夕（外一首）

苏美晴

浩荡荡的喜鹊飞过来了
哥哥，我看见黑夜提前来临
我看见葡萄架下
那个扯耳偷听的小女孩
一枚绿叶浸染了她
哥哥，我不敢大声说话
我怕惊吓了喜鹊，搭错了桥
我怕你走错了路
更怕错过一年一次，神谕的相逢
除了今天以外的日子
我一直做一个稻草人
喝雨水，看喜鹊吵闹
长满茅草的身体
风自由地入住
我一直巴望着，鹊桥搭起
你从桥的那边走过来
给我卸下粮食，月光
卸下水和思念
卸下一年里的丰盈
如果没有
哥哥，我就会像一株植物一样生长
然后死亡
剩下的日子，思念掏空了身体

我只能做一个空心人
在这么宽泛的时间里
我一个人，躺在夜幕下
在七夕的夜里，一个人
数遍万家灯火

（选自2015年8月20日中国诗歌网“每日好诗”）

在一朵加冕的金银花面前

总会想起一个人，他在
金银花中穿行
布谷鸟从远方飞来
花蕊里，藏着去火的秘方
忧郁像一团火，已经燃烧到了我
一遍遍山水，被墨汁浸染
我却不能摘下一朵金银花
像一种祈祷
穿过那些浓郁的树林
总想起的山山水水，像遗漏的伤口
其实也没什么
那些伤口，被称之为山谷
已经长满树木，野草
一株金银花，举着花冠
像要为谁加冕
而我却越走越远

（选自《中国诗歌》2015年第9期）

对生活的投诚

苏笑嫣

失去的记忆清除了大多的岁月
而时间依然走得飞快　与记忆一同流亡
我困于城市森林　同无数高楼里的门一起旋转
有人正代替我远走他方

我们已经长大　顺应了时钟　和平庸的安全
但还没有获得未来
四周围起的高墙时不时砌入身体
醉酒是时间颤抖在水平线之外

黎明　一个荒凉的单行拐角
——醒来时我们已经站在现实的这一边
你无法成为一个游离而危险的人　于是重复
你消耗着时间而时间也消耗着你

继续前行的路上　黑夜里坍塌的高墙
又噼噼啪啪地重建一次
于此同时一只乌鸦不愿沉默　尖叫高飞
将时间、空间和你一同遗弃

（选自《民族文学》2015年第5期）

胡同里走失的岁月

李　军

厚厚的古城砖
一块挤着一块
硬是挤出了
一条条
长长短短
肥肥瘦瘦的
锣鼓巷

星光下
丁香花讲故事
一段连着一段
飘出大宅门

儿时的我
穿过一条条胡同
在亲切的京腔世界
看惯了景山的绿
看熟了故宫的黄
更把紫禁城的红
看得入迷
幻想的风筝
一天天放飞
梦中的花朵

一次次绽放
我的两条小腿
也常常跑得
像火车轮一样快
也像在农村里见到的小狗
那样欢实

如今，胡同里的童年
早已走远
慢慢地，我竟然
和院中那棵
驼背谢顶的老槐树
有了几分相像
而祖辈留给我的
很快，我也会留给子孙

胡同是见证
也像是宿命

（选自2015年12月2日《黄山日报》）

异　乡

李　荣

头顶的蓝天是陌生的
蓝天下的白云是陌生的
白云之下迎面吹过来的风是陌生的
被风吹拂的小淀村是陌生的
哦，我们天天在一起称兄道弟
其实也是陌生的

再过多少年
我们都将走向另一个异乡
在那里
我们将看到很多熟悉的面孔
还有多年不见
可以抱头痛哭的亲人

（选自《湖南文学》2015年第7期）

挽歌：哭小雨

李　瑛

一

谁能帮助我
将这一天从一年中抽掉
谁能帮助我
将这一天的太阳拖住
牢牢地打一个死结
让它不再升起

二

这一天午夜
满天星斗打一个寒噤熄灭了
巨大的黑夜覆盖下来
世界转过脸去
北京拉上所有的窗帘
时间凝固在那儿
没有人知道
小雨，我用嘶哑的声音呼唤你
你已在千山之外
隔着风，隔着云，没有回应
空旷冷寂的病房里
只回荡着我一声尖厉的哭号
世界被撕成两半

三

我用树皮般苍老的手
抚摸你平静的脸
像六十年前抚摸你
细嫩红润的双颊
仍波动着天真和乳香
你哭的声音，笑的声音
唱歌的声音，诵诗的声音
一齐涌来，有的苦涩，有的甜美
六十年匆匆流过
纯净而炽热

四

六十年前你睁大眼睛
张望这个新奇的世界
后来，阳光朗照
你眼里鲜花开遍
后来，恐怖袭击
你两眼像惊慌的星星
后来，喧嚣岁月里
你的瞳仁是两片清澈的湖水
如今，永远关闭了
你把漫漫岁月的沧桑风雨
一起紧锁在睫毛后面
不愿告诉别人
无声中，只两滴水珠滚下眼角
静静地映着人间
一滴是浸血的泪
一滴是浸泪的血

五

小雨，几十年
我把家叫你
我把明天和后天叫你
我把我的欢乐和幸福叫你
把我的悲伤和痛苦叫你
现在，床上放着你最后一次叠好的被子
枕边放着你未读完的书
桌上放着你未写完的诗
茶杯里有你未喝完的茶
关好灯，你转身去了
只说声两天后就回来
轻轻地把门关上
如今，这一切都成了
埋在灰烬下的噩梦
我再不敢看你触摸过的东西
我目光碰到的都是疼痛
没有转动的眼睛、亲昵的呼唤
只小闹钟指针仍严肃地跳着
冷冷地告诉我
离瞬间最近的是永恒
永恒是冷寂的，苍茫万古

六

还有多少梦想和歌唱
都留在明天，你相信明天
犹如一棵树的叶子
期待发芽，有轻风细雨
你认为人间处处
只有生命、爱和美

便总用单纯和天真
解释生活中残酷的真实
让忍辱负重的沉默压碎肩膀
即使死神已经临近
你仍微笑着安慰别人
怕给人带来伤害和痛苦
你就这样迎接了渴盼的
第六十四个春天
而冰雪未消的二月
却又把你推回一月
一颗熠熠闪光的灵魂
就永远沉入了历史

七

对一个用诗养大的生命
只能到你的诗中寻找你
一条孩子翅膀般的红纱巾
拂动在早春的晨曦
一只有思想有记忆的古陶罐
孤零零蹲在黄土塬上
一颗棕色的爱幻想爱沉思的椰子
毛茸茸的沉浮在南海浪尖上
一顶沾满泥浆汗水的铝盔
闪耀在陕北油田钻台上
这就是你，小雨
这就是你永不凋谢的笑容，小雨
这就是你的信仰，你的宗教，小雨
这就是你跃动的生命，小雨
是的，这就是你，我的小雨

八

我想念你，爱你，但也恨你
你狠心丢下你哭泣的笔和
你装满一袋子的汉字、母语
丢下你夜半不断用小锤敲打的诗句
狠心丢下你的世界中
那么多朋友和可爱的生命
提着一生的记忆、未了的梦
亲人的泪、孩子的骨头和
我一颗破碎的心匆匆远去了
为什么我总在夜半突然惊醒
那是你脚步踏出的声音

九

我翻遍辞书找不到
死神词典里也找不到
一个正常的解释
怎能是我梳拢你的黑发
怎能是我捧一束白花来祭你
怎能是你的哀乐涌过我的皱纹
怎能是你坟上青草摇动我的白发
你未能偎依在妈妈怀中
此刻，难道也不能在我的翅膀下
享有一份小小的爱和温暖
现在，我的心变成一片
干枯的叶子，孤零零地
高悬在风雪枝头
瑟瑟颤动

十

小雨，对你的离去
我不愿告诉任何人
只想告诉它们——
你买来放飞的花翅膀的小鸟
现在在哪片白云里歌唱
院子灌木丛里的流浪猫
每天有谁来喂养
菜市场笼子里的小白兔
可还有人投放菜叶和萝卜
小河里你放生的鱼
该早在哪片苇丛下长大产子
邻居家蓝眼睛的波斯猫还会
跳过来追自己的尾巴跳圆舞么
我想告诉它们
那双抱过、抚摸过它们的手
带着对它们的爱远去了
在生命的摧毁与救赎之间
在料峭春寒的倾斜的午夜远去了
不懂人间悲喜却具有
同样尊严的生命呵
一起珍重地好好生活吧

十一

穿过失血的夜街走回家
天低下来，大地在颤动
哦，起风了
那双曾一次次搀扶着我
紧紧拉着我衣襟的温暖的手呢
灯火明灭中
蓦然发现

人生中痛苦和幸福竟离得这么近
蓦然发现
阵阵夜风吹着的是大地的死亡和诞生

十二

雨呀，无论走多远
都别忘曾经属于你的时空
别忘生你养你、给你痛苦和希望的大地
记住长城吧，你常去的长城
从它的垛口南望的大城中
有一盏永远为你燃亮的灯
那里是你发现自己的地方
那里是家，等着你回来
重新开始

附记：

女儿小雨于今年2月11日夜离我而去。一个月来，她的音容始终萦绕心头，悲痛难抑，今天是3月11日，更难入睡，午夜披衣拾笔，写成此诗。

（选自2015年4月3日《光明日报》）

风雪之夜看窗外

李 琦

看车子像各种昆虫经过
看一对不怕冷的情侣经过
他们依偎着，像是彼此的部首偏旁
看一个醉汉摇晃着经过
三心二意，像一个正在拆开的汉字
看一张纸片瑟瑟地经过
看一顶破帽子擅离职守地经过

看北风经过
看月光经过
看二〇一四年最后的时光
就这样悄然经过

再过些年，也有风雪之夜
我此时站着的这个位置
谁会在怅望，从前，一个平凡的诗人
心事重重，曾从这世上经过
想到这一幕，我举起手
算是提前
给后人打个招呼

（选自《人民文学》2015年第6期）

绝望的玻璃（外一首）

李　皓

之前是装饰，之后是武器
我并没有掩盖过什么
透过我的身体，窗外的一切
一目了然

我曾经为自己是一道屏障
而沾沾自喜，为自己
曾经装饰了你的梦
而心存柔软

可是在一些无法抗拒的
特别的声音面前
我坚硬起来。射向无辜的那一刻
我无坚不摧，刀刀见血

当我破碎，我便真切地看见
每一个窗口都是黑洞
面对旷世的绝响，我选择
粉碎，或者沉默

（选自《青年文学家》2015 年 9 月号上半月刊）

白云辞

秋风把母亲的棉花
都吹到了天上
散尽千金
母亲依然坚毅地
望着远方，田垄的尽头

表里河山
不过是粗布棉袄的巨制
每一个寒冷的日子
我都能扯到一角
撕下一条棉裤，两只棉鞋

白云苍狗
母亲从无一丝慌乱
澄澈的秋水像一根根芒刺
我看见母亲龟裂的手
搭在稻谷的额头

（选自《青年文学》2015 年 12 月号）

在夜晚

李云迪

在夜晚聊天是安全的
目光所能看到的友情
让夜晚生动无比

往事就坐在身旁
听我灯光里零星的叙述
梦想穿透黑夜
收获的不只是幸福

窗外，星光灿烂
看我拥往事入眠

夜与朝霞毗邻
手拿鲜花的人身影朦胧

每次造访夜色，都默念着
比火还热的誓言

（选自《岁月》2015 年第 10 期）

秘密

李　成

一条鱼自由自在地游在江河
它为什么能够

雪花为什么有细细的晶莹的芒角
而我没有

蝴蝶要飞多少里才成为仙蝶
河马是否因为是河马而忧虑

鸟卵里怎么会长出翅膀
蜘蛛有那么多腿能否分出左右

在前往春天的途中燕子
在哪里订制它的礼服

玫瑰花会对康乃馨的气味
过敏吗

有一种水母真的会把人吞噬
世界上是否还有嗜血的树

牛有一天听懂了音乐它会怎样
假如所有老虎都建立了组织呢

要是猴子拿起花针刺绣
我们是骄傲还是恐惧

动物会把我们关进动物园吗
隔着栅栏给我们喂食

假如所有的泉水都消失
蜜蜂酿出的是否是毒

在这一秒钟与下一秒钟之间
间隔着沟壑还是小溪

世界上有多少人　多少星辰　多少生物
除了上帝　谁也在心里一清二楚

雪花难道不是月亮的外衣
水果难道不是太阳的远房亲戚

星星都离去了　天空还存在吗
是否还是蓝色

藕在泥土里为什么还是白的
黑夜把它的孩子藏在哪里呢

我说过的每一句话
是否都被路过的云絮录制

列车在出轨前　是否
已预测到它的命运

飞机在起飞时
是否也曾踌躇

蚌知不知道它孕育的
就是价值连城的珍珠

能否按照四季办所学校
只教学各个季节昆虫所做的事情

我童年在乡间见到的鸟儿
有没有后裔来到我现在的城市

如果大炮里打出的是鲜花
和平就真的会来到人间

要是巴别塔有一天真的建成了怎么办
老天会不会一直哭

到哪一天人类才会没有
肤色的区别呢

我吃青草　为什么
不能产出牛奶

如果解读了瓢瓣虫背上的斑点
人类是否就能避开地震的袭击

死亡是可能的吗　譬如
有了克隆技术

如果隔了两亿年
我会不会第二次踏进同一条河流

我在实验室里怎样才能
制造出一道彩虹

莎士比亚是谁　托尔斯泰是谁
他们是同一人还是孪生兄弟

那部小说里的主人公要是
复活走到现实中将会如何

书库里哪一本书最应该去读
山坡上是不是有一片草叶记住了我的名字

这么多疑问我去问谁
人类会不会有一天再见到东方朔

答案掌握在每个人手里
到三十一世纪是否还有秘密

三十二世纪我在哪里
我是否会坐在哪间书房里　写下一首

跟这一模一样的小诗
并把这些问题续写下去……

（选自《海燕》2015年第4期）

波兰少女

李自国

波兰的天空斜插着雨
斜插着少女的歌声
如一束冉冉火苗
弹去岁月蒙上的灰尘
从华沙到犹太聚居区
美丽的故人呵二战中的活化石
请用你时常沦陷的大眼睛
舀上你那座村庄的圣水
润泽我一个亚洲孩子的喉咙
让它发出跟你一样
祈祷幸福与安宁的声音

波动无比的少女呵
凡能飞翔的　都该插上翅膀
插上少女心空的斜雨
从党卫军的鹰爪下面
飞一串沉重的羽毛和鸽音
而你过早嗅到了死亡
瓦砾中的死亡
陈尸　断臂和糜烂的气息
你说你说
活下来多么不易
活下来便意味奇迹的发生

一如子弹可以打穿木桶
却打不穿满载圣水的心灵
常为身上的肉体担忧
常因曳地的绿裙子
催醒田亩里的花神
我的波兰少女呵
你总是躲在战争的阴影里
一面点播自己的灾区
一面坚守人类的自尊与高贵
你说你说
等华沙的仗打完了你就回去
瞧那丘陵一样的波谷间
以你不断上升的胎心音
感受和平的阳光
一如婴儿般神圣

（选自《北京文学》2015 年第 8 期）

续随子

李郁葱

我叫不出它的名字，像面对大多数的植物
对于生活在我周边的这些
我依然是陌生的，像是它的孤独
某一个熟人，我突然叫不出他的名字
我们失去的总是在不知不觉中
这些年，这些人，当这些叶子在春天舒展
我们忘记的是去年脱落的那些——
他们在我们忽略了的地方苏醒

（选自《山花》2015 年第 7 期）

男人的森林

李建华

走进男人的森林，选一棵
看得上的树，然后用铁了的心
说出入木三分的话

最理想的一棵
你未必能找到。你未必能砍倒
你也未必，能扛回来

让鸟窝在树杈上
继续产卵，让蜜蜂在花朵里
继续作客。你只需砍下
一棵不算太差的树

你扛回来，它能撑起一个家
顶住满天风雨——
你要选一棵
适合做顶梁柱的树，扛回来

林子大了
什么树都有
其实，生长在森林里的每一棵树
都有自己的使命和归宿
其实家里的一根木头
胜于眼中的一座森林

（选自《关雎爱情诗》2015年春季号，光明日报出版社）

和谐说（外一首）

李建军

羊羔对应母亲的乳汁
旋转为海天一色的蔚蓝

彩蝶轻扇雪花，亲吻
深情的水草，一湖涟漪羞红夕阳

老人用阳光的手，打开
岁月的窗棂，把燕子放飞

他用尽一生的泪水
从豌豆里睡去，从紫薇花中醒来

他瀑布般的胡子，在树躯上留下水痕
像一座桥，把自己慢慢地筑入天空

他的火车载着一列列人群
像诺亚方舟，鸣响温暖的火焰

深渊用草根聆听星星
他融入土地，像蘑菇无限地生长

像麦粒与麦粒之间没有距离
烽烟必然化身为飞翔的白鸽

野果子

先有种子。是满山的月光
回归多情的故乡；也是细碎
的雨声，剪下梦幻的翅膀

后有叶子。在雾霾的刀山剑林中
偶尔露出狰狞的伤痕
一滴滴凄风苦雨的忧伤
流满了它发绿的脸庞

再有花蕊。只是一半的红豆
另一半是追不上的马蹄声声
天空是孤悬的钟
敲不醒它寂寞的影子

然后有果子。是牛眼里流出来的
忧伤，也是蜻蜓拖着尖锐的火焰
像浑圆的落日，在边缘
无声无息地绽放，深藏着
一个朴实清凉的秋天

当雪压枝头，飞鸟绝迹，群峰戴帽
谁？谁来悼念这流浪者的亡魂

（以上二首选自《飞天》2015 年 1 月号）

妙　方

杨　锦

女人顺皱纹的路径打量容颜
乞求爱情为青春开具妙方

孩子懵懵懂懂踢开青春期的门
快乐与烦恼较量着各自的领地

耄耋老人在蹒跚里盘算来路
享天伦之乐，创造生命之奇迹

大自然频频示意
妙方，就在爱的手心里

（选自2015年11月25日中国诗歌网“每日好诗”）

孤雁儿

杨　键

我的命，悬在一张白纸上，
还从来没有出现在上面。

无论我的命怎样离奇古怪，
也无法在一张白纸上出现。

这一张纸还是白的、白的、白的、白的、白的，
如同骨灰盒里没有骨灰如同家里没有家如同心里没有心。

山河大地也不在白纸上，
只有你在白纸上。

（选自 2015 年 9 月 14 日中国诗歌网“每日好诗”）

九十八度的热水如是说

杨戈平

在这里，热水是个地名
容易擦肩而过

当年朱毛率领
那帮有信念的穷小子
在热水帮群众担水、劈柴，搞生产

过去大半个世纪
汤池依旧，腾出的房子依旧
没吃完的粮食依旧

我站在桥上
看见如今的人们
聚在红军池洗浴、疗伤

傍晚，汉子们
赤裸膀子，肩搭一块毛巾
向露天池子走去

当接近沸腾
旺盛的精力得以恢复
我加入的瞬间
多么像烈酒

多么像飓风淹没了我
让我想起更猛烈的颂歌

这里叫热水
月圆之夜跨过拱桥
朝向缠绵的牧歌……

（选自《西北军事文学》2015年第5期）

樱花比较论（外一首）

杨志学

1

白樱花多么纯洁
对峙着尘世的污浊
红樱花多么热烈
抗拒着人间的冷漠

2

论亲疏
洛阳故园的樱花最让我牵挂
论场面
北京玉渊潭的樱花观者如海洋
论时令
大理的樱花开得比较早
论背景
武汉大学的樱花格外不寻常
论年龄
鹤壁的樱花年轻而出众
华夏南路绵延十里的樱花让人流连
其形貌之绰约生姿可谓后来居上

（选自《青年文学》2015 年第 8 期）

乡村小提琴制作师

小提琴是洋货
我从不怀疑它产于西方，源自异国

可是，自从我的脚步走进重庆荣昌县
确切地说，是走进荣昌县何木匠的寓所

我的观点不能不发生改变
原来，小提琴也可以产生在中国

而且，不是在中国繁华的都市
而是在中国相对偏僻的西南角落

何木匠的手，那么灵巧、粗糙
一个木匠的手，本来就是粗糙而灵巧

何木匠的手，又是粗犷中的细腻
美妙的琴音，就从这手上悠悠地流过

他培育自己的树，取树上之材
把更适合肌肤亲吻的小提琴造了出来

这样的乐器，不仅适合中国小提琴手
世界各地的行家，也都赞誉他的天才

何氏庭院，何氏楼
就是何氏小提琴的场房和展台

何氏小提琴，称得上独一无二
洋货只是其外表，内里是中国气派

何氏小提琴的价格在走高，且供不应求
即使你很有钱，也得问一声何木匠：卖不卖？

（选自《台港文学选刊》2015 年第 7 期）

迟宇宙

轩辕轼轲

在我们的宇宙之外
还有一个慢半拍的迟宇宙
那里的婴儿出生的慢
树木生长的慢
没有高铁没有高速
去邻居家串门路上要备好干粮
那里的马拉松还不如竞走
那里的竞走是原地踏步
那里的秒针和那里的阳光一样
过很久才跳上一格

那里的窗口没有排队的
因为办事效率慢
索性免签了所有证件
可以随便出国但一生也走不到边境
可以随便出轨但一生也走不出家庭
那里的天空没有雾霾
浓烟还没爬到烟囱就累死了
那里的人语速慢
脑筋不会急转弯
在路上遇见朋友说声问候
就钻进路边的慢餐店
等吃完一出来

才能听到他的回答

当然最慢的是那里的元首
他的就职演说一直到快卸任了
还没有起好草
他要出去亲一下民
得亲自用喇叭吆喝三天
才能唤来
慢吞吞的随从

（选自《诗潮》2015 年第 10 期）

鲜花为什么带着泪水

吴投文

鲜花和花瓶
保持刻意的亲密

每一天都是热烈的爱恋
却带着自来水的荒凉

哀悼的剧情一再重演
花瓶的阴影被音乐轻轻浮起

爱情是囊中羞涩之物
有着透明的隐晦

这就是生命的布景
和一切的恩赐与牢笼

鲜花抵制短暂的麻木
却承受永久的枯萎

鲜花插在花瓶里
它为什么带着泪水

（选自《星星》2015 年第 12 期上旬刊）

北方的田野（外一首）

吴重生

今天随东南风一起检阅北方的田野
连同田野里的城市
在怀中捂了一季的梦想
今天将在高铁上奔跑

我的肤色已退守南方的边界
睫毛封锁了所有北风过境的消息
一群飞翔的大雁在天上分割了南北

旧时光在车窗外列队成阵
这一年成捆的阳光
开始在这一天解冻

这一天　东南风追逐着北方的太阳
这一天　北方的阳光一直在路上

（选自 2015 年 6 月 29 日《人民日报》）

运河是一把尺子

运河吐出一艘艘货轮
每天到拱墅桥下点卯

今天我以醉翁自许
友问：还到南方来吗
南方天热，因为太阳久滞不归
客笑：我心向南，无论西北
如身边这条运河
运送波涛状的阳光
也运送昼夜
昨天太阳们结队走过运河广场
把光和热的身影留在小河直街
今天我开车回去重访运河
却在河边迷了路
春天记挂着运河水的流向
带去了罗盘和指南针
却丈量着夏天的领地
运河是一把尺子
为每一个走南闯北的人
丈量身高和体温

（选自 2015 年 10 月 23 日《浙江日报》）

土里，江边

余幼幼

我爷爷是农民
农民跟泥巴有过节
你爷爷是纤夫
纤夫跟纤绳有恩怨
我爷爷种地的时候唱川剧
你爷爷拉船的时候喊号子
我爷爷死在土里
你爷爷从水上来也死在土里
我爷爷从没到过长江
你爷爷从没离开过长江
我爷爷扛起锄刀就像扛自己的婆娘
你爷爷背起纤绳就像背一个家庭
他们都很累
比任何一座山一条河都要累
但他们都喜气洋洋
比任何一筐粮一条鱼都要知足
我爷爷的梦想是当地主
你爷爷的梦想是有一条大船
我爷爷把腿插在土里面
你爷爷把肌肉系在绳子上
腿断了种出的庄稼不会残废
肌肉萎缩了使出的劲不会减少
我爷爷跟你爷爷耗费在

生存上的精力都一模一样
他们的命也一模一样
——我爷爷只是泥土掉渣落下的一粒
而不是地主
你爷爷只是被浪花绊倒的男人
而没有大船

（选自《中国诗歌》2015年第3卷）

看　你（外一首）

何向阳

看你，以明眸
看你沉稳、缓缓行进的步履
看你俯首静坐眉头微微蹙起

看你悄悄地用手套拭去涌出的泪水
看你低头走路脚尖把落叶轻轻弹起

看你，以灵魂
看你转身回眸中凝视的询问
看你无言缄默里隐藏的话语

看你烟头明灭里又燃的愁苦
看你唿哨滑翔带来的消息

看你以全部真诚
看你以整个生命
今生看你伸出手拉住我的手
来世看你再将我的手放在你的手里

甘愿等待

我甘愿等待

即使等到你身躯佝偻，两鬓斑白
等到你历尽沧桑，容颜已改
我还是从前的我　我甘愿等待

我会穿上黑色的衣裙
但依然保留头上蓝色的发带
尝遍等待中的悲哀与痛苦
皱纹也会爬上我的脸
衬托那时岁月的苍白
心还是从前的心　我甘愿等待

也许有一天你会再闯入我的生活
像第一次相遇那样转过头来
惊奇地望着我：“你为什么不见衰老
而我已龙钟老态”
我会含着泪回答：“因为有你
　　……因为我善于等待”

（选自何向阳诗集《青衿》，上海人民出版社 2015 年 8 月）

怀抱石头的人

冷克明

石头是在河里捡的
那时你丢弃了满山春色
只捡起了这块石头
当你把石头捡起时
发现河水一下子伸直了腰

你紧紧地抱着这块石头
抱着这个坚硬的念想
生怕一不小心
石头像水一样从手中滑落

你的怀抱是这样温暖
石头也渐渐温暖起来
但石头依然是坚硬的
石头依然是沉重的
就像你的一声叹息

风越来越硬了
你慢慢蹲了下去
石头，慢慢地站了起来

（选自《绿风诗刊》2015年第3期）

工 厂

这 样

那些埋头彩绘的乡下姑娘
那些夜里灌浆的离异男人，从三楼默默搬货
到卡车上的单身汉
昏黄的灯盏下，吃药的妇女

那些被撞飞的货车司机
割腕的包装工人，那些穿单衣
在车间发抖，没有上学的小孩

那窗口挂着的白内衣，尼龙绳吊着的
脏手套，那些黑眼圈
没有发育的身体

绵羊一样望着远方
像模具里压成型的陶瓷玩具
没有叫喊

（选自《中国诗歌》2015 年第 9 卷）

万安古街

汪春茂

我要空出一整个下午
什么也不做
只选一处茶馆坐下
沏上一壶松萝茶
静静地观看
码头上行色匆忙的饮食男女

偶尔想一些商人重利轻别离
偶尔想一些徽州女人的三寸金莲
当然更多的时候
我都在空出整个身心
发呆

（选自《黄山文化旅游》2015年第9期）

离　开

沙　克

对久居之地
行使放弃的权利
对久居的心脏
行使放假的权利

大雾扑到窗户
凝成清水
我从第四维度蒸发
不需说再见

我的写作
在行使自由的权利
离开牢固的瓶胆
担任空气和流水的哨兵

东方的东方是西方
理性环行
西方往西我开动翅膀的一小半

（选自《诗林》2015 年第 1 期）

沙

沈苇

数一数沙吧
就像你在恒河做过的那样
数一数大漠的浩瀚
数一数撒哈拉的魂灵
多么纯粹的沙，你是其中一粒
被自已放大，又归于细小、寂静
数一数沙吧
如果不是柽柳的提醒
空间已是时间
时间正在显现红海的地貌
西就是东，北就是南
埃及，就是印度
撒哈拉，就是塔里木
四个方向，汇聚成
此刻的一粒沙
你逃离家乡
逃离一滴水的跟随
却被一粒沙占有
数一数沙吧，直到
沙从你眼中夺眶而出
沙在你心里流泻不已……

（选自《诗探索》作品卷 2015 年第 2 辑）

岳父在我的书房

沈浩波

岳父住进我的书房半年多了
我每天都能看到他
我和他相处的时间
比岳母和妻子加起来还多
那年他被推进火化炉前
我帮他换上黑色的丝绸寿衣
抚摸过他冰冷的骨头
一个男人和另一个男人
修炼多少世缘分
才有资格亲近他的死亡
抚摸他不属于人间的脸
岳母和岳父关系不好
不同意把遗像挂在家中显眼处
我自告奋勇
将老头儿的照片搁进书房
倚墙放在左手边的桌上
我有时会对他抱怨：
“你女儿和你一样脾气暴躁
这事儿你得承担责任”
老头儿笑眯眯地看着我
拒绝认错

（选自《中国诗歌》2015 年第 1 卷）

午餐前，在画室

宋晓杰

和两个男人
在第三个男人的画室里，看画
赤裸的人体从包裹中得以重见天日
胴体柔和而洁白，像窗外的阳光
只在关键部位，加一点点青铜的阴影

有一瞬，画室里静极了
阳光如欢腾的尘埃
我愣怔着，下意识地拉了拉衣角
三个男人饥饿地盯着他们想盯的地方
啧啧赞叹
并用小指肚儿，小心拂去浮尘

那个中午，我的脸红了两次
一次是因为羞涩
第二次是因为觉醒

为了掩饰我的脸红
我拍照，拍照，从不同角度拍照——
是的，我们在欣赏艺术
不是看女人

（选自《滇池》2015 年第 7 期）

英雄

宋晓贤

我知道战争的可怕
我因害怕死亡而害怕战争
因厌恶死亡而厌恶战争
每天，我都在尽我的微力
减少战争的可能
我不打老婆，不骂孩子
忍耐他们的冒犯
疏导不满情绪
尽力维护着一小块领土的和平
但是，最后，他们为什么
发勋章给作战勇敢
杀人有方的战士
却把我看作软弱无能的懦夫？

（选自 2015 年 3 月 27 日《南方都市报》）

蒲 棒

宋清芳

忽然感觉，这些细小多么不容忽视
满屋子都是洁白的翅膀在飞
像冬天的蕊，轻慢决绝

想让一个飞起来的伞，回到植物体内
是多么不易
想把熬过日子，逼出水分的身体完整修补
也是多么不易
只要一动，它就更奢华地绽放
在漏风的地方，放逐，追逐，拥抱取暖

一块玉的陪衬太假了
海螺和涛声的距离太远了
它一直明白，并暗示
它如今的柔软，就是时光的柔软

（选自《绿风》诗刊 2015 年第 4 期）

一个人的草堂

张　元

草堂，从来都是一个人喧嚣，暗藏一个人的江湖
将要在平凡中寻找精致，篆刻色彩
所以，每一场为了答复的清晨，留恋和哀悼
流浪的魂魄，也终于在这里找到了寄予

这从来都是与存在无关的辉煌，繁华的过往
抑或是意义，又与现实格格不入的荒凉
于是，只能在飞雪的寒冷，感受春天的模糊
在淹没的小岛，填埋昨日的忧愁

已经不需要再去扮演，这是最真实的本相
被光明定义了不再空想的角落，从未迷路
窗外的风景，无法统领一个人的山水
在透明阳光里，猜不透黑暗的秘密
自此，我还要呼吸你一千年的浩荡

（选自《江南诗》2015 年 2 期）

初 恋（外一首）

张 烨

悄悄的你突然出现在阳光下
温馨似春天最初的微笑……
我该怎样迎接你的到来，
——默默坐着，还是优雅地起立。
是否需要奔向你?
还不知道你带给我的是幸福抑或痛苦
我颤栗的心已在哭了……

我把青春托付于你，
为了今后那覆盖白发的记忆——
我的希望你明白。
我注定是一个诗人，
我的诗将负满欢乐还是悲剧的笔调，
也取决于你了。

寓 言

国王给被他强奸了的女人
一袋金子。轻柔的嗓音，
融进女人唇边的一颗泪里：
够你享福一辈子了，小甜心……
然后整理一下弄皱了的龙袍，

嵌入高贵的宝座，
像一只金牙。
他庄重制定一道法律，
对强奸犯一律从严惩处。

一位大臣摇摇晃晃进来跪告，
太子在南方的一座城里出事……
国王怒不可遏：
快将那个妖妇捉来问罪！

（选自张烨诗集《隔着时空凝望》，
上海文化出版社 2015 年 8 月版）

听　海

张　晶

在你的身边，聆听
你的色彩、你的声音、你的心情
你的想象，你沙哑的忧郁，你多变的陌生
一个人从天明又到天明
从阴郁的暮色释放到飓风铁青的粉墨无常
你坠地的泪水
你交错的天象
种植在放纵中的倔犟
我无从安放的道具
醒在阳光深陷下来的风里
不羁的海啊
沙子狂野的抽烟，以及掌声低沉的轰鸣
树叶打结
民国的戏子们净身涉水
海风从金门桥的另一侧吹来
像是立命的汉字
禁锢在清醒与梦中央
这个用手指数不尽的喘息，冲刷不尽的电闪雷鸣

（选自《国家诗歌地理》2015年10月号）

十四行挽歌（外一首）

张　智

最美的花瓣已被冬天揉碎
最好的歌手正向魔鬼输血
推翻酒杯，推翻大地
自由的贞节越洗越黑

母亲啊！我不是先知
又怎能分开海水
策马返回高迈的城邦
妹妹啊！你不是圣女
又怎能扛着自己的尸体
横穿天空，横穿殷墟的王朝

不要敲开太阳，不要叫醒月亮
含毒的乳汁早已潜入我的心底
妹妹啊！伟大的死亡之光
何曾吻遍你的每一寸土地

上　升

你，高大、邪恶、典雅、忧郁
犹如雪豹，犹如新月
我的女巫，我的蒙娜丽莎

在你郁怒而神秘的目光下
我愿挨上优美的一刀
我愿化作灰烬一堆
独自枕着青山绿水
倾听你无字的忏悔
M，我会站在地狱或天堂
看你如何收敛红唇的锋芒

不，在时间的风暴中心
我，一个自由诗人
于坠落的瞬间，倘若拒绝
上升，必将死无葬身之地

（以上二首选自《雪莲》2015年10月号）

林子大了，什么鸟都有

张二棍

现在林子没了，什么鸟还有
早市上，一排排笼子
蹲在地上。鸟们
蹲在笼子里
卖弄似的，叫得欢
那人也蹲在地上
默不作声
这一幕，倒像是
鸟，在叫卖笼子
叫卖那人

（选自《诗刊》2015 年 12 月号上半月刊）

寄居北京的日子

张永生

寄居北京的日子里
我更像一只生活的侯鸟

在离离返返的动车里
勾划着小别或小聚的符号

抱着孙女，逛地坛庙会
放松身心是生活的主潮

远处的音容笑貌
眼前的小鱼花草

一边是浓浓的乡情
一边是宝宝甜甜的微笑

寄居的日子虽然挺好
到家的感觉，更加踏实牢靠……

（选自 2015 年 2 月 9 日《中国艺术报》）

明亮的水（外一首）

张永刚

明亮的水
在桌上等待
你的主人
端坐何处
你的温暖
让绿色的叶子
轻轻站起
更为青翠
你的天使
告诉这个上午
停下它永不停止的脚步
让我看见
看不见的地方
目光似水
比水更亮
微笑如玉
比玉更为洁净
玻璃的世界
一切尽在幻象深处
悄悄张开
风一样的翅膀

青苔

不知不觉
你们将孤寂时光
染绿
多么弱小呀
一如我的心
和我心中的感慨
一如
怀念的时日
暗暗滋润
另一些时日
在这树林守护的领地
花开花落
蓝天空寂
我的父亲
不再开口
只有你们让我看到
冥冥之中的一种表达
仿佛来自另一世界
细节柔若游丝
将我稍稍慰藉

（选自张永刚诗集《飘动的云》，中国文联出版社2015年8月版）

百合花的春天

张永波

油田的浪漫，来自一朵朵百合花——
这是春天，蜜蜂的铁鞋
踩疼了荒原的阳光
在采油井标识般的身旁
我碰见了百合花
我碰见了这些冠着独自姓氏的花朵

我不愿说出她们的姓名
也不愿说出她们来自何方
在荒原，请允许我隐姓埋名
请允许她们保留心底的隐秘

一朵朵百合花，像淑女
我愿做这一个沾花惹草的蝴蝶
每天都在赞美她们的芬芳
生怕漏下一丁点的美丽

（选自 2015 年 5 月 25 日《人民日报》）

我 们……

张庆和

自从
爱的对角线
把你我扯成南北两极
我们
就再也躲不开
被夜雨打湿的那个记忆

春天来了
都相信不会再飘雪花
一切都绿了
我们的心
更绿得出奇

绿是单纯
绿是幼稚
单纯和幼稚
解不开那道方程试题
从此
我们就被复杂感染
彼此复杂成难猜的谜语

（选自《青年文学》2015 年 8 月号）

2009：自画像

张作梗

耗去一生，他才租得这间墓室。
青草从他身体中长出来。
从此，他将用无说出有，
以另一个人或几个人，
替他活在世上。

他当过乡村教师，士兵，乡镇公务员，
小商人，自由职业者；
喜欢外省，
粗通房中术。
他信赖乌云的靠不住，
如果还有另一个祖国，他总是在失去中
将其找到。——

瓦片裹身，
雨丝缠腰，
借着一盏昏暗的忆念，他的
回来像离去，
而离去，又像回光返照。
有很长一段时间，他将在
一块石头上说话、行走，
直到大地像一次遗忘的雪水，
滴进他的头盖骨里。

（选自《诗刊》2015 年 4 月号上半月刊）

在长安，寻找一匹马（外一首）

张怀帆

渭水生寒。如果我能幸福地飘零成一枚
长安的落叶。可这是冬天
我提着自己单薄的影子，穿过厚重的霾
压低的街道，在人群里寻找丢失的
瘦马。我的骨头里起了北风的声音
一重一重茅，卷成汽车的背影掠过
原想是一棵棵空枝刺向凄清的天空，可它们
歪斜着盘根错节的身子，一张张阴沉而狡黠的
脸。太阳远远躲在霾的背后，像一个龌龊的
铜匠，没有雪，没有雪，只有喧嚣和我心中
一寸一寸结冰的沉默。可我为什么还要在
茫茫的人群里找？那一声马的
长嘶。在哪里，我能赊一碗浊酒？
最后一枚银币，在我长衫的衣袋里
开始生寒，我还有多少体温，呵护
裹藏在深处 闪着萤光的
马蹄铁。一匹马迷失在了长安
可我相信，它还在顺着我的方向艰难
归来。它的鼻息，它的长长的鬃毛
低下的头和忧郁的眼
当我疲惫地靠向一堵暗黑的墙
为什么像搂紧了我的瘦马的脖颈一样
忧伤

长安，谁还在骑马

纵有一匹良马
也不学贾岛，春风得意
把长安花一日看尽
要像崔护，去探望去年的桃花
盼望比他运气好些
山居前，人面依旧笑春风
实际上，我只能
乘车来到南山，并且不打算采花
而是和一帮文朋诗友
吃农家乐，放松地闲聊
有一瞬间，我从喧嚣中安静
窗外，一树生动的红杏
闪过一个骑马人的身影
仿佛置身的地方是杏花村
刮过来，长安的春风

（选自《延河》2015 年第 2 期）

我只想静静地爱你

张建新

静坐窗前片刻，雷雨声涌来，
手机拿起又放下，夜幕下
总有一扇窗口为你亮着，
因此，有些话显得多余

有时候，我希望我的心是
一小块菜地，有安静
承接雨水的能力，然后变幻出
绿的红的色彩，你躺在其间，
柔软地忘掉言词和沉默的伤害

我关注的东西不多，看起来
仍有简单的繁复，词语
虽然杀不了人，但可以影响
内心的风向，在你我之间
来回推送湖水的波纹

我们艰难度日，不由自己，
每朵花下都有小片阴影，
正视它的存在犹如认同
美的缺憾，也许这样会完整些

秋天深了，心若树叶

终究会慢慢老去、落下，
不同的是它会落在你的身边，
如我这样静静地爱你，
带着世界的一小部分不圆满。

（选自 2015 年 12 月 3 日中国诗歌网“每日好诗”）

陋室诗

阿　翔

狭小的空间是无尽藏的虚无。
需要大量阅读才能打发日子，
毕竟我和猫不能忍受彼此的
燥热。窗台的花草配合了思
绪万千，犹如一首诗的证词，
记录了可分享的睡梦，偶尔
微妙地引发另外的预感：爱
是完美的残缺。无边的细雨
被一次次延误，像书页，总
是书的例外，即使看不出其
中的奥妙，也会从偏见的生
活经历一些故障。如果没有
更多的消息，会多少显得懵
懂无知，我甚至没法理解猫
的冷艳，只有耸着背竖着尾
巴，还算古老的盟约，身边
不至于孤独。我所熟悉的仅
仅停留在表象，仿佛是一个
隐喻，收获不了暗夜的音乐。
灵魂在我身体里始终无处栖
身，以至于我不能做出反应。

（选自《作品》2015 年第 4 期）

康桥上的忧伤（外一首）

陈　贞

诗人从康桥上轻轻地走了
不曾带走一片云彩
衣袖　就那么潇洒一挥
湛蓝的天空下
便绽放了一道绚丽的彩虹

在诗人走过康桥的足迹里
是谁　伫立桥上
在秋风中哭泣
红尘滚滚
看不见她的脸庞

在诗人走过康桥的背影中
是谁　在桥上徘徊
揣着落叶忧伤
尘世的风沙
遮掩了她的脸颊

在诗人走过康桥的日子里
是谁　在桥上独酌
苦涩品尝苦涩
浮世的喧嚣
淹没了她的笑声

在诗人走过康桥的期待里
是谁　在桥上依栏眺望
那一架早已长满青苔的康桥
硬是被川流不息的行人
一脚一脚地踏伤

一条看不见的河流

有钱人的孙子
不一定能成为一个有钱的爷

有钱的爷
不一定是一个有钱人的孙子

钱来钱往　有人争着当了爷
也有人抢着做了孙子

一条看不见的河流
淹死了爷　也淹死了孙子

假如　果真有一片叶舟
以德横渡　这个尘世就变换了模样

（选自《中国诗歌》2015 年第 5 期）

火车就要开走了

陈树照

火车从麦地里爬出来
这个冷酷的黑家伙
似乎专为17岁少年而来
它要把我从信阳带走
带到很远很远的地方

月台上
我顾不上嘈杂和亲友们送别
与母亲目光碰撞那一刻
泪水夺眶而出 耳畔再次响起
那句亲切的乳名

火车就要开走了
铁轨　枕木　树木震颤着
池塘和村庄也震颤着
我拼命向母亲挥手
母亲仍站在村口手搭凉棚
火车越开越快　一阵秋风袭来
我打了一个冷颤
全身即刻哆嗦起来

（选自《岁月》2015年10月号）

九月的歇马山

陈美明

摊开歇马山九月的颜色
沟谷里，那些陈旧的石头
在长满藓苔那明亮的额头
一条告别蠕动行姿的虫子
与一根枯草无差别，其实
它们，都是渺小追逐宏大
的一次绚丽死亡

山风肃杀，秋蝉悲歌
偶见山花隐匿枯草窠里
黄叶渐多的秋之景象
替代了蓊蓊郁郁的夏绿色时光

这让我相信，死亡孕育新生
此时此地，弯曲的溪流
脚下的桥，头上的鸟
都成了我们凭栏披阅的时空

（选自《中国铁路文艺》2015 年第 11 期）

薄 秋

纯玻璃

我爱这透明。如蝉翼爱着阳光
在晚秋的茎
藏有温暖的春日词典
焦黄镶在好看的边缘
秋风潜伏，在墙角，在暗处

我爱逆光下迂回的脉络
在寒冬来临之前
有一条可以找寻枝与叶相爱的夜晚

我爱这优雅的薄纱裙
透过人生静寂的光阴
抚慰一颗感伤的台灯和她的阴影

在颓废的秋长袍里
我爱落叶飘零的喘息
就像没有痛感的时光，爱着 ——
有时惊慌、有时欢喜的我

（选自 2015 年 12 月 17 日中国诗歌网“每日好诗”）

像雪一样活着

青小衣

天地都静下来。万物失去影子
湖水的内心更隐秘
暮色中，那些被清洗过的灵魂
裸着如玉的身子
下凡，在我漆黑的梦里

雪中，我对荒芜很久的时光
心怀愧疚，对星子般明亮的花朵
虚怀相迎。幸福突然降临
不需要祷告，我忘记了自己的名字
梦重新回到梦里

一场大雪，把世界变成一所教堂
每一个行走在雪中的人
都是虔诚的信徒，内心干净
像雪一样活着，懂得以万物为友
懂得成全，给，和爱

（选自《诗选刊》2015 年第 9 期）

在终南山

青海湖

我打听一个隐者
他是石头上的花，还是草丛里的鸟鸣
是远山的云雾，还是云雾深处的目光

进山的人像阴云那样重叠
若隐若现的甲虫，甲虫里的影子
那么远的路啊载着一个内心的孤儿

谁看见过他的面目
戏水的孩童，水里的鱼
还是在清凉的歌声中静默的路人

我感觉每一颗无处安放的心
花叶上的露珠，山谷里的风
每一个在晚祷里回归的人，都是他

而他们一无所知
他们像喜悦的蜘蛛一样织网
壁上悬挂着他们奔走的一生

当我仰头与山顶的塔尖猝然相遇
我知道，我可以平静地对待他的出现
或消失，放弃那些多余的倾听和表达

（选自《诗歌月报》2015 年第 3 期）

祝 愿

林 勇

我祝愿所有的心灵
都像早晨的露珠湿滴滴的

我祝愿所有的心灵
像鸟儿在池塘和天空中打个圈儿

我祝愿所有的心灵
都能够听到
所有心灵的不同声音

在时间与时间之间
在空寂与空寂之间
请把我的祝愿送给每一个心灵
好让他们编一首自由的歌
带着诗的激情，在一幅画中
晃动

（选自《海棠文艺》2015年第3期）

灯笼把黑夜打了一个圆孔

林目清

打着灯笼，深入黑夜
我和哥哥去偷吃邻家土窖里的红薯种

灯笼把黑夜打了一个圆孔
我和哥哥从圆孔钻进红薯窖里

在夜的眼光里，我和哥哥也变成了两个红薯种
夜睁着比我们还饥饿的眼睛，把我和哥哥包围

月亮和星星，在天上给夜打圆孔
把我们儿时的梦都往那圆孔里放送

我们的眼睛总是盯着那圆孔里的光亮
期待在天亮之前会掉下烤熟的红薯种

几十年过去，无数夜晚后的今夜
我拿着手电筒，把夜凿开一条隧道

不再是那个时代，为饥饿去偷吃红薯种
我此番前来，是为了寻找我来时的足迹

因为我一路上丢失了一些东西
这些东西到现在我都没有能够找回

今夜，月亮和星星照样在夜里打孔
而城市不眠的灯火，也给夜打了许多圆孔

许多东西都已不在眼前的光里，我想
那是它们走进了时光的隧道，而并非被黑夜吞噬

（选自《诗歌周刊》2015 年第 168 期）

一条溪的距离（外一首）

林秀美

隔着一条溪的距离　你的爱意
并没有走远
一会儿在左，一会儿在右

你多像梁野山的这条溪啊
流亡在命运里不肯低头
忍着哀伤怀抱梦想
跌跌撞撞　一路奔流

我是你的影子啊
前世的影子
如今我是轻的　是落在岁月额头的雾水
渴望在悬崖的尽头
与你飞身而下
在轰鸣中数着隔世的念想

我们沉浸在生活的悲喜里
或缓缓流淌　或激昂飞跃
世界那么大
人类那么幸福
溪流之上
只有风在来回奔跑

（选自《海峡诗人》2015 年春季号）

时光之隐

生活过于
繁杂，而我能力有限
不谈渺小　不谈伟大
就像这满池的荷叶
安静就好

风想吹　就吹吧
露水和闪电　出现在立夏前
该有的样子已经有了
或亭亭玉立
或碧绿接天

人过四十　喜欢微观　小角度
比如一片荷叶
一颗莲心
事物过于复杂
就会害怕
比如　不知方向的风
比如　不知拒绝的点头

（选自《青年文学》2015 年 8 月号）

疯狂的石头
——E诞生记

林季杉

从她出生的那一刻
我才知道我不再是个孩子
疼痛原来如此盛大
疼痛又如何？挣扎又如何？
惨叫还是呻吟又如何
生命的到来就是要经历死亡的痛苦
我选择的也是一种别无选择

然而，比起疼痛更疼痛的是疼痛的记忆
肉体不断地替换掉肉体
肉中的肉，骨中的骨
说不清是破裂还是继续破裂？

一个毛茸茸的肉团团
裹着一层忧郁又粘稠的蜜
赤裸地依靠在我胸前
好像没有眼睛
却在心里看着我
羞涩地吮吸着我的乳头

医院的消毒药水

麻醉着我的嗅觉
被缝上的伤口孤寂地慢慢渗血
洁白的纱布 草莓酱面包
破碎的毛细血管，扭曲的脸

剪掉脐带吧，孩子的父亲
这个孩子是个疯狂的石头
你种下的性感的石头

不久以后
这个黏在身上粉嫩的小面团
会长成一只不可靠近的刺猬
以满身的尖锐宣告长大
充满能量　四处乱窜
向我们索要训练无素的爱
或是训练有素的伤害

脆弱如何喂养脆弱
这是一场抚养?
还是有人正在酝酿一场
更为长久的　成人的阴谋?

（选自《汉诗》2015年第4季）

哪里是命运的转角

罗　雨

命运的转角处，我在等你
那里开满蔷薇和紫色的梦

遇见你之前，我已沉睡千年
不提也罢，不提也罢——
那沉睡中的一场场噩梦
那些血雨，腥风
让过往成为前世的一件旧衣裳吧
既然不合身，那就彻底脱掉
今生，我们重新启程

遇见你之前，灵魂从未停止哭泣
欲说还休，欲说还休——
于千万人之中，于千万年之中
我马不停蹄地跋涉万水千山
只为寻找一件合适灵魂的衣裳
世上有许多不可知的事，此刻
我们只能抱一把陈旧的竹签，占卜未来

哪里是命运的转角？
等待的蔷薇，紫色的梦
在梦里开满整片天空

（选自《天津诗人》2015年春之卷）

纸片

罗　晖

一张纸片
夹杂着一缕墨香
现代人的生活轨迹
及残存的面孔
时而浮现
时而隐去

任凭笔墨挥洒
形成记录
这是白纸的命运
就算黑字老了
炊烟散尽
凝固的词语
也不会改变

在历史的星空
更能重新上演
一幕幕惊心动魄的故事
李白的诗句
缠绕耳边
张大千价值连城的字画
惊呆了我们

一张薄薄的纸片
容纳了这个世界

（选自《延河》2015 年第 10 期下半月刊）

路过一片桃花（外一首）

季士君

路过桃花是我的运气
也是劫数　山谷里
桃花将春天划出一道妩媚的伤口
此刻　我正带着众多词汇
在赶往村庄的路上
与那片桃花不期而遇
之后　我身后的词汇
就在春天的伤口里纷纷沦陷

花在前　花在后
花在左　花在右
深红一簇浅红又一簇
一些桃花用纷飞的花瓣
拽住我的衣衫
另一些桃花用自己酿制的露珠
让我畅饮　沉醉
面如桃花
我在一朵桃花里迷失
等同于在一万朵桃花里迷失

在我眼里
一朵桃花就能开满整个春天
而现在　漫山遍野的桃花

带着我穿越了一世的灿烂
我怕自己也紧随其后
与那些词汇一道
陷入比伤口更深的鲜艳
进退两难

一片桃花　我躲不过
一缕芳香　我摘不走
即使路过一万朵桃花
也等同于路过一朵桃花

空瓶子

无疑　空瓶子在空之前
都盛满了东西
譬如酒　譬如药片
或者一肚子的心里话

一次约会　一场病
就将欢愉　悲伤和寂寞
从瓶里一点点掏空
让所有的回忆也荡然无存

此刻　一排空瓶子
堆放在墙角　杂然相处
用各自的存在与虚无
告诉黑夜
躺着是一种姿态
站立也是一种姿态

借着月色
两个空瓶子抱在了一起
一只瓶子
向另一只瓶子
慢慢倒出自己的空

（选自《中国诗人》2015 年第 2 期）

心一定还聪明地为你蹦跳着

金 迪

还有什么痛苦可言
这每一只夜的花瓣都盛满月光
太阳留下的温暖比醇酒更纯
那些往事筑起的大坝
将飞扬的浪花锁定

还有什么死亡可言
看不见的空气都变成明丽风景
那滴泪一千颗钻石也换不走
如果我傻了
心一定还聪明地为你蹦跳着

（选自《诗品》2015 年第 2 期）

喊一声

周苍林

小时候——喊一声冷
妈妈胸前就是一团火
喊一声走不动了
爸爸的脊背就是一辆奔跑的小车
长大了——喊一声回家
妈妈就是村口最先望见的一棵树
喊一声走了
爸爸就是送我最长的一条山路
现在——喊一声故乡
妈妈就是流在我眼里的泪水
喊一声亲人
爸爸就是装在我心中的怀念
将来——喊一声妈妈
一家人还会在另一个世界相见
喊一声爸爸
从此就再也不会分开……

（选自 2015 年 11 月 24 日中国诗歌网“每日好诗”）

册　页

郑小琼

门庭若古老册页，雨燕翻阅屋梁悲喜
春天的蛇腰在墙外游动，我把它唤
柳条，也唤她小小乳名，庭院深井
睁开清澈眼睛，诵读雨淋湿的诗篇

她吹熄灯盏，打开窗棂，让月光进入
房间，它用清凉的孤寂洗涤她的脸
琥珀般面庞，透明，囚禁她的羽翼
惊蝉像白马踏碎青瓦，有人穿过旧楼

远去，有人雕床抽烟做梦，她成为小小
俘虏，为脆弱的悲剧增添废墟般记忆
庄园大门布告她的生活，三房姨娘
退回幽闭院墙，诗歌换成五彩蜀绣

月光不再是白哗哗的银子，可以换酒换诗篇
她读懂月光是夜晚的幻觉，习惯用寂寞擦亮
栩栩如生的往昔，它们开始丧失，游行的
背影模糊，新闻有些泥泞，她在房内踱步

窗下停伫，空荡荡的时间究竟要用什么填空
她还保留成都学堂的理想主义，尘世的庄园
只需享乐与容忍，大家闺秀或鸦片中吐雾

算盘，丝绸，阴云般面孔，骨骼里烦恼

她不习惯用黑夜或白天覆盖生活，理想与信仰
固执而坚硬，一寸一寸刺痛她肉体，在小镇
连月光也有烦恼与忧愁，她读不懂门庭册页
把命运埋进月光中的横梁，像诗句的迷茫

（选自《中国作家》2015 年第 10 期）

地铁，地铁

宗　琮

一

世界上最遥远的距离
是我和你
紧紧地拥挤在一起
彼此能听到对方的呼吸
却默默无语
互不相识

二

地铁已渗透进每个人的生活
你坐
或者不坐
它都渗透进了你的生活
就像酒渗透进了血液
雾霾
渗透进了世界

三

城市的面孔很嘈杂
就想遁入地下
如今交通四通八达
上天入地，如同散步
却时常让我产生同样的恐惧

有时候怕掉下来
有时候怕出不去
因此，每次外出
我都要仔仔细细
写好遗嘱

四

地铁像一只巨大的蚯蚓
痛苦地穿越城市的腹地
我们都是匆匆的过客
被蚯蚓吐出来
又吃进去
化作一摊泥
却无花可护
我们忙忙碌碌，周而复始
为了出发或者抵达
你却不知道我从哪里来
我也不知道你到哪里去

五

地铁站台
也是一个世界
每个人都需要站台
否则上错车就下不来

六

我们对世界怀有深深的恐惧
我们都是蚍蜉
每天用剩余不多的一丝丝
力气

拥挤
是怕
被这个世界无情抛弃

（选自 2015 年 7 月 13 日中国诗歌网“每日好诗”）

三 月

空格键

三月姓雨，燕子像块湿抹布，
一些挂在檐下，一些仍在天上擦。
花朵生着气，流水悲伤得
一点也不晦涩。

三月名字叫阳光，阳光得
谁都感到有些晕眩。
我站在阳台上，望见远峰横刀立马，
像古时候要去打仗的先锋。

（选自 2015 年 11 月 30 日中国诗歌网“每日好诗”）

无　咎

弥赛亚

扫地的人
来到我们中间
使我们成为落叶的一份子

煮鹤的人
顺手煮了一壶好茶
邀请我们围炉夜话

极少的雪落在梅花上
更多的尘土覆盖在公共之地
焚琴的人望着火沉默不语

我们是说不出的话，流不出的眼泪
一生有迹可循，但无枝可依
十里之外，我们是自己的附庸者

小雪的冬天
客人结伴经过小城
行一段路，过一条河。众生匆匆，犹如枯鱼

（选自 2015 年 10 月 30 日中国诗歌网“每日好诗”）

空 巢

孟醒石

鸟，没有国，只有家
鸟的家在树上。而树，有国，也有家
漫山遍野的树，属于北国
属于太行山民

玉兰、海棠、杏花、梨花，次第开了
鸟还没有从南国回来
梧桐、杨树、槐树、榆树，即将吐绿
空空的鸟巢，在光秃秃的枝头，特别显眼

越往深山里走，空巢越多
很多村庄都是空的，青壮年远走他乡
只留下老人和孩子
互为彼此的家和国

等枝繁叶茂，能够挡风遮雨了
鸟就会跨过一条条分界线
不远万里飞回来
在此产卵、孵化、教养下一代

等整座太行山，被浓密的夏天层层包裹起来
这些老人、老屋、老村，就看不见了
蛇爬进鸟巢，吞吃雏鸟
盘成一个句号，外人也不会知晓

（选自2015年6月3日中国诗歌网“每日好诗”）

一只乌鸦

孤　城

一团雪，再也不想白活在其它雪们中间
一团雪
一个窟窿，要黑给这个世界看

一团雪
不惜孤绝，狠命将自己从白雪中
抠出来

一团雪愣是按照自己的想法
飞起来

一团雪，一只茫茫雪野里的乌鸦
在用自己针尖大的一块黑
擦一望无垠的
白

（选自《安徽文学》2015 年第 1 期）

擦 枪

赵 琼

与时光一起擦枪
绒布和掌心
与枪一起 锃亮
天长日久
枪膛 就像是我们
喊号子时的嗓门一样
深情而且粗狂
枪栓和扳机
被反反复复地矫正成
一位标兵的模样

擦枪，不只是为了
使命意识的培养
枪与擦枪人的心事
高度统一 都想着怎样
用正义去经营安详

当擦枪的双手与枪
一起绽放出
桂花的清香
让一幅草书的江山
淳厚而又绵长
震耳欲聋的鼾声

从大山深处的小屋里溢出
冲天而起的火光
是除夕或节日特定的肖像……

（选自 2015 年 8 月 10 日《解放军报》）

在青海湖仰望星空

赵兴高

一

夜已深，青海湖入睡了
而青海湖的天醒着
那空中的蓝
仿佛另一个世界的青海湖

银河灿烂
酥油灯万盏
天上也有一座塔尔寺吧

月亮升起来了
月亮是塔尔寺里的第九座白塔

星星闪烁着光
它们在闭目诵经的瞬间
偶尔睁一下自己的眼睛

一小朵白云飘过，一小朵乌云飘过
白色和黑色的鸟儿
走在通往塔尔寺的路上

二

天空之上，应该有一片
只有光明没有黑暗的地方

星星漏光，漏一粒人影
在青海湖边冥想

那里只宜佛和人的灵魂居住
寺院被打制成镂空花饰的塔尔寺形状
雪山悬在空中
青海湖被雕琢成一粒粒蓝色的光芒

佛的脸庞是花朵的脸庞
鹰的飞翔是经卷的飞翔
灵魂在酥油灯里燃烧着

我看见一颗流星
为佛的事忙碌着

三
青海湖的浪花相互拍打着
我把自己想像成一只穿着礼服的鸟儿
拍打着灵魂的翅膀

可我的灵魂到不了高处
明天，我将去塔尔寺
为酥油灯添油
把自己的灵魂点亮

当我这么想的时候
我看到启明星
已摆在了黑夜的祭台上

（选自《青年文学》2015 年第 8 期）

天　鹅

赵克红

生命中　太多嘈杂
人世间　万象纷纭
走马　也观花
忙里　怎偷闲

无处安放的宁静
偶尔奢侈地停留在夜空
或如夜空一样地睡眠
星星如蝴蝶般　飞远

此刻，天鹅之翅
正在你的眼前翕张
时空就此转换
凝望水面的波纹
如见自己昔日的容颜

湖水沉思
天空幻想
芦苇丛中
正有天鹅启翔

（选自《洛阳诗人》2015 年秋之卷）

重　叠（外一首）

赵丽宏

世界总是重叠
重重叠叠
重重叠叠

往外看
窗外有窗
门外有门
山外有山
天外有天

往里看
瞳仁里还有瞳仁
嘴里还有嘴
心里还有心
灵魂里还有灵魂

如何走出重叠
破解重叠之锁
先往里走
再往外走

睁开瞳仁里的瞳仁
启动心里的心

放飞灵魂里的灵魂
推开窗外的窗
打开门外的门
登临山外的山
眺望天外的天

不重叠的世界
四通八达
也许是自由的世界

联 想

握着手中的铅笔
想起了变成铅笔的那棵树
那棵被砍伐的大树
一定还记得森林吧
记得森林里万类生灵的喧哗

喝着碗里微咸的汤
想起了被汤融化的盐
那些砂石一般的盐粒
大概还记得蓝色的大海吧
记得海里汹涌的浪涛和自由的鱼群

看着窗玻璃上千姿万态的冰花
想起了一夜呼啸的风
在黑暗中四处奔走的寒风
想不到它粗狂的拜访
竟会在这里留下如此精致的脚印

望着远处天空飘舞的风筝
想起了大地上奔跑的孩子
那个欢呼着放飞风筝的孩子
想不到他手中那根细细的长线
正把一个白头人拽回到童年

摸着胸前的丝巾
想起了在桑树上吐丝的蚕
那些作茧自缚的蚕
曾经心怀破茧飞翔的梦想
却不料被无情的沸水煎煮

听着一首凄婉的歌
想起了自弹自唱的歌者
那个忧伤孤单的歌者
曾经历尽人间的苦难和沧桑
却把辛酸化成了一缕温情

（选自 2015 年 3 月 30 日《人民日报》）

一个人的夜（外一首）

郝子奇

只有醒着的人 知道
月光是冷的

仿佛 上帝在远方
亲人们 也在远方

我不知道 在这个
沉睡的世界 自己为什么
醒着 我望不到灯光的飞鸟
所有的翅膀都飞不过
辽阔的黑暗

但我相信灯的存在
关键要找到点燃的火
因为 夜色太黑了
就是梦的行走 也需要灯的力量

对面的阳台

阳光 落在那件碎花裙子上
风 在裙子上飘动
阳台 空空荡荡

月色 在那件碎花裙上挂着
黑暗 正从衣绳上滑落
阳台 空空荡荡

空空荡荡 阳台
只有件碎花裙
被风吹动

（选自《奔流》2015年第7期）

泉　水

胡　杨

在戈壁上，泉水是一只鸟
在沙漠，亦如是。

说来就来了，你都不知道该说什么
沿着水路，簇拥着紧张异常的草
它们生怕被干旱掳了去，成为荒凉的俘虏

说走就走了，刚刚还是清水汩汩
俯下身子，那一滴水就从嘴唇上融化
成为一声叹息

泉水，这只调皮的鸟儿，在你认为他一定会来的时候
迟迟不来，在你认为他根本不可能来的时候
他猛然间造访，像是一个不速之客

这只鸟儿没有笼罩子，没有捕获者的网
是一个被戈壁和沙漠宠坏的孩子

多少人在最后一刻，也没有看清他的模样
多少人在梦寐中一次次呼喊着一滴水的清亮
多少人一辈子走在沙漠上，走在戈壁上
走进他，就像拥抱了自己的亲人

羊，骆驼，马以及驴和牦牛，它们跟随着
泉水迁移，谁会想到，一只鸟儿
竟然委身于这些默默无闻的动物，一阵鸣叫
就是一片春天，即使一场雪
一场白毛风，一场沙尘暴
它们也照样摸清鸟儿的去路

戈壁上事，难说；沙漠上事
如是。一眼泉水
会像一只鸟儿飞起来
变成淅淅沥沥的雨
有盛接他的杯子吗

（选自《青年文学》2015 年第 8 期）

送朋友回哀牢山

胡正刚

挥手南去，从此隔着千里云山
都是胸中藏着丘壑，却又容易
肝肠寸断的人，此地相别
我们只喝酒，不饮泣

你在月光下给我写山水诗时
我会倒一碗酒，用碗里的月亮
做镜子，数额上的皱纹和
鬓边的白发

去找你，要沿着红河赶一段路
上游江水清澈，可以洗
心上的尘土；下游江水浑浊
可以洗，脸上的尘埃

（选自《扬子江诗刊》2015 年第 4 期）

云

胡刚毅

风拥着一朵朵饱满的乌云
俯下黑美人的身子
悄悄凑向大地
闪电，爆响一个惊天动地的吻

爱的磁性是永恒的！
俯下身子就直不起来，不知不觉
它卧成一条曲折蛇行的江河

（选自《创作评谭》2015 年第 3 期）

青涩的心事

胡粤泉

青豆，几颗嫩牙，啃得动岁月的
风雨？咬紧的是一段
青涩的心事，闭口不言
穿上裙衣，翩翩起舞
也不发一言。夏天藏不住心事了
一不小心，蹦跳出几个
硬梆梆的字，飞溅四周
结果，野地里寻也寻不着

（选自《创作评谭》2015 年第 1 期）

病中书

南　子

仿佛世间万物都彼此相异
照亮了各自的寂寞

仿佛我的身体在尘土之上
而灵魂正四面敞开

仿佛爱情亦有着膨胀的孤寂　像迟开的水
曾经温馨的部分已经散尽

仿佛恐惧像暗器　振荡出古老的波纹
奇迹也无法安慰

仿佛厄运跃过冬季消瘦的月份
我看见它　正用陌生的沙漠牵引大海

仿佛无梦的人　更像是梦游者
步入蓝孔雀，流水和精灵的虚谷

仿佛“活着”是诗人空谈过的一个真理
只有到别处去死　桥头人才看不见桥下人

仿佛远方的僧侣　回头一笑
五月的嗓音　融化在黎明

（选自《诗歌月刊》2015年第8期）

狂欢之后

南　鸥

蚂蚁爬动着自己的宿命
一粒谷物，无力支撑大地的黄昏
米酒的记忆九曲深幽，重阳的
火焰慢慢变黄。当人们从酒窖醒来
万家灯火熄灭，谁来守望
那来年的重阳
一只苹果把秋天举过头顶
秋天被火焰昼夜解读。当火焰被灰烬说出
当灰烬飘散记忆，谁以逝者的言辞
诉说秋天的苍凉。枯瘦的土地
无法将血液流向枝头，只有风
摇动最后的表情
其实火焰藏着天空的野心
瞬间的闪耀，挥霍了昂贵的一生
当黑暗吞噬了最后的星光
天空终将露出白生生的骨头
当万物失血，只有逝者
向天空赎罪

（选自《新诗刊》2015 年第 2 期）

命运里的信息

柳　苏

只是我们不知道
命运里的信息
就藏在一株草一朵花上

再纷乱的日子
再繁杂的心绪
冥冥中的走向，井然有序

水中游的，跳不到
岸上来。地上蹦的，飞不到
天上去

努力，只是主观上的作为
可命运自有命运的
周密安排

昨天，传来一个好消息
盆中新栽的天天红
一朵小花如期绽放枝头

生就是一粒尘埃
只有在，细微的事物里
找到我们自己

（选自《诗潮》2015年第12期）

时候一到

柳　沄

时候一到
院子里的那棵老树
便开始落叶子

一片一片地往下落
一阵一阵地往下落
脱胎换骨似地往下落
抛撒冥纸似地
往下落……

好像不这样不行
好像不这样
就无法和这个季节
取得和解

半空中缠满了
肉眼看不见的弧线
而粗一阵细一阵的风
使那些，一点
都不像鲫鱼的叶子
如鱼得水

这可不是隐喻

我确实看到一片叶子
从地上一跃而起
将一阵风带出去老远

一连好多天
这样的情景
无时不在窗外重复
直到没有什么可以再落
直到几只落在树上的鸟
比树上的叶子
还多

（选自《作家》2015 年 11 期）

端午车过黄河

柳　歌

端午，没吃粽子，不赛龙舟，更没有
写诗；故国陷落多时
天下早已归秦：不敢触动一道
名叫“汨罗”的伤痕，只得逐鹿中原
在黄河两岸来回奔袭。当然
不是为了天下
也不是为了苍生。那个心系苍生的人
被江水带走千年了。这个端午
我车过黄河大桥，纯为生活所迫
不仅没有一跃而下的勇气，甚至不能
停留半刻，或稍稍驻足
身边的一切都在飞奔：大河里的流水
天上的白云，路上的树林以及行人
全都行色匆匆，仿佛有着共同的心事
我被裹挟已久，无暇凭吊那个投江的诗人
或者自己
《离骚》掩卷已久，黄钟与黄鹂的声音
同时远离尘世；只有林间的鸦雀
鼓噪不停；黄河浊浪滔天，一泻千里
落霞倒映在水面上，连泥沙
也泛着血红的光辉
生逢盛世，我写不出好诗
也当不成屈子：你有郢都可以凭栏

有楚国可以回首；还有整整一条汨罗江的水
载起不朽的身躯与英名。而我
只剩下短短一段岁月，已不够挥霍

（选自 2015 年 7 月 9 日中国诗歌网“每日好诗”）

和海交谈

哈　雷

和你最近的一次交往
是在浪朵之上
我体内腔管里一直响着你阴柔的名字
这样的时候更需要安静
需要蓝，需要听到波涛的叹息

如果你滑入的地方惊飞几只水鸟
像画笔的点缀，泼上一点青烟
临港的船舷，容易遗漏的沃土
黑暗中长出一株忍冬花
我一定会把记忆的缆绳抛向土地

从岛屿变成半岛，江阴
浸泡的水一样咸腥，一样感觉到潮汐的冲动
当浪朵突然平息，我看见依着你的
礁石，那块跪倒的石头
溅起的泪，让岸上的我不忍舍你而去

（选自《诗刊》2015 年 6 月号上半月刊）

下午的时光

秋　水

这样的午后
我以为我会像一棵植物
安坐于花萼之上
并心怀鼓舞
以为我会，与院子里的荔枝树
有同样的节奏
该开花开花，该结果结果

可我却抑制不住思念
远方几株曾与我昼伏夜出的小草
焦虑那片天的雨水
会不会有我泪水那般丰厚

这样轻的时光里
用来伪装的流水正在高烧
我一点一点，将自己
捻成细嫩的灯芯
用受伤的方式，感受
风和呼啸

我在一棵虚拟的菩提树下
打坐，等有人经过
把我点上
再把我，吹灭

（选自《星星》2015 年 5 月号）

母亲的剪纸

段光安

母亲走了
没留下任何文字
唯一蓝皮线装本
夹满了剪纸
那是母亲的自留地
种满兰花
母亲身穿蜡染上衣
坐湖边
轻抚蜻蜓折断的羽翼

（选自 2015 年 9 月 11 日《天津日报》）

孤独是什么

泉　子

孤独是烈日中一池的睡莲
是唯一的神仅仅在我的身体中
它是我身体的一部分
同时，又是这广阔的世界的全部
是的，并没有多少人了解
并没有多少人理解
那些伟大的真理
正藏身在这样的悖论中

（选自《中国诗歌》2015 年第 1 卷）

致未来（外一首）

侯　马

我把孩子
送进了寄宿学校
久久徘徊在童话般的宿舍楼前
心中一千个不放心
一万个恋恋不舍
孩子表面服从
心里是他还不会表达的无奈
临走前一次又一次拥抱
他站在床上两只小手搂着我的脖子
说：
我就是不知道在学校该干什么？
我眼泪差点掉下来
脱口说
孩子，记住
如果你想上厕所
就一定要去上厕所

贵客临门

我几次请保姆
到父母家
希望老两口

能看上一个
但他俩始终
不肯雇佣
理由是自己还能动
做做家务有好处
我觉得老人是不舍得花钱
但这也许不是最重要的
我想起来了
每次保姆去家里
只要保姆站着
他俩就不会坐下
只要保姆不上桌
他俩就不会动筷子
他们给了保姆
一个客人的待遇
不会有人让家里
总是待着一个客人

（选自《青年文学》2015 年 8 月号）

怀揣一个叫徐阁的地名

娄海洋

当我写下这个村庄的名字
天空就倒悬下来
就有许多鸟群飞过
植物们走来走去
就像熟悉的亲人
风等待时机
准备来一次大迁徙
率领它们从千里之外
一起齐集我的笔端
来探望她远游的儿子
其实我已经荒芜很久
就像一片被弃置的土地
或者更像父亲新筑的坟头
长出的青草，刚刚
结出缥缈密实的芳香
母亲死在我的怀中
就像我出生时她抱着我一样
不同的是我抱着她一生的悲凉
还有庄稼，鸡鸭，猫狗以及猪圈的气味
蝉鸣蛙鼓，牛哞声声
也都一起来吧
我要把自己的身体从一颗果实里切开
款待你们

我要拼下全力把天空重新扳过来
好照耀你们的路程
我要倾尽全部的激情和
一腔热血与才华
做成热气腾腾的祭品
摆上神圣的供桌
跪下，
遥拜你们卑微，苦难而
又高贵的灵魂

（选自 2015 年 8 月 6 日中国诗歌网“每日好诗”）

石头开花

洪　烛

大昭寺门前的青石地板
有深深的印痕，有人说
那是信徒们磕等身长头留下的

我想起老家的青石井栏
也有类似的刻痕。不是刀砍的
不是斧凿的，是提水的井绳
长年累月勒出来的

绳索不知道疼，木桶不知道疼
可那磕击地面的额头是肉长的
是知道疼的

正是这知冷知热的额头
敲开了佛的门

敲开了另一个世界的门
使已知的，更厚重
使未知的，更辽阔

哪来那么大的劲儿？没有一生的坚持
三生的坚持、世世代代的坚持
怎么能让石破天惊？

我相信他们每磕一个等身长头
就像我的乡亲从井里提起一桶救命的水
不仅感到劳累，更感到满足

是的，一群弯着腰的人就这样
从大地深处源源不断地
汲取了飞翔的力量

这股力量是看得见的，使不可能的事情
成为可能。譬如，让石头开花

（选自《星星》2015 年第 10 期）

雾

宫白云

白茫茫，就这么悬着，
人心也这么悬着。在看不见的地方看见，
在听不到的地方听见。

白茫茫的尘世，有一种温和的悲伤。

不得不活下去的人，
嗅着空气里的潮湿，耐心，柔软。

很多年后，推开窗，那些挂在尘世里的事物还在不在原地？
清晨，一只鸟飞来
说真好
你还在这里。

（选自《中国诗歌》2015 年第 6 卷）

路　灯

祝相宽

那晚，路灯撑不住黑夜的沉重
那晚，父亲的病痛比夜风更冷
那晚，你独自一人去药店买药
路灯下，你是小城最孤单的身影

后来你说，为了父亲
甘愿去闯更黑的寒冬
说这话的时候，我分明看见
你眼里闪过不易察觉的晶莹

孩子，我不想说你的坚强我的感动
我只想说，如果夜路非走不可
我愿意加入路灯的行列
掏出心来，为你照亮一段路程

（选自祝相宽博客，2015 年 10 月）

在雷公山，看见历史的背影

姚　瑶

云在天上飘，云在山上飘，云在秋天深处飘
我守候在雷公山顶，等待季节的风
吹向我。此刻群山，正等待风呼啸而过
这是父辈城墙一样坚实的背
承受着经年的风吹雨打
头顶是可鉴苍天，脚底是衣食父母

漫天的残阳，我登上山顶时正是一个午后
飘零了一千载的黄叶
是蚩尤帝国的传说，还是历史的故事在纷扬？
悬挂枝头上的，是不是远去帝国飘摇的梦？

在更加亘古的岁月里，一千年或许更远
一座山，可以记载多少金戈铁马？
一座山，可以承载多少历史重量？
荒芜的往事，正从尘烟深处袭来
在秋天的雷公山，我走进历史最深处

总有熟悉的力量在涌动，从体内涌上来
筚路蓝缕，融合在苍凉的景色里
无数个春夏秋冬，我总是被感动
把自己掩埋在秋天里，掩埋在皇天后土里
用饱含深情的眼睛，看历史从掌纹里

一寸一寸地走来，那些背影
遮住了我醒来的泪眼

（选自《鹿鸣》2015 年第 8 期）

风 动

袁姣素

从一阵风里出来
远古的涛声
洗濯出战争中的女人

我还是比较喜欢长喙的鹰
像一把把利刃
一次次刺破蓝天

草原上的牛羊
还有那袅袅的炊烟
让我想起母亲锅里的麦粒

风动，草原就动
驰过青色的花
仿佛春天

（选自《星星诗刊》2015 年第 10 期上旬刊）

山葡萄

夏　雨

山坡上
透过藤蔓及叶片，你突然就出现了
圆润，多情
迎接我的惊讶与欢喜
在这寂静的人世，有多少温和的秋日
相拥入怀
有多少命定的喜悦，迎头相撞
每一个心魂相依的日子
都是神的恩赐与佑护
是的，时间。风雨不变的
只有时间
天空越发高远，风从林间吹过来
一直吹……
我把手伸向你
你轻轻握住了我
“每一个多出来的日子，都是我送给你的！”
看人间百相，灯火阑珊
有你的秋天
毫无征兆地来了
向上的道路上，笼罩着我
需要怀恋的晶莹之光

（选自《中国诗歌》2015 年第 5 期）

季风，蜕变的心事

夏 寒

季风，夹裹着季节的情绪
爬到落叶堆满的山坳
夜晚，已被挥霍得迷了归途
倒转的风，抵达一场意外

虚设的墙角，雨水牵挂虫鸣
风起时，无数次摇曳
一首诗的两翼，是否可以
飞过花朵灵魂的深处

蝴蝶和花朵缠绵，爱的短暂
无法长过花的芳香。心事蜕变
倾吐夜晚独步的阴影，却不能抵达
曾经　那个湿漉漉的黎明

（选自 2015 年《诗林》第 5 期）

唐吉老汉的工作

原　风

常常是，他牵着黎明的手
在这条城市的街道上，行走
扫帚在他的手里，旋起
阵阵的舞蹈，这城市的光鲜和艳丽
在天亮之前，就呈现在了人们的面前

常常是，春天里，雨水还没停歇
汗水却早已把他湿透，雾汽在他的身上蒸腾
和着春季特有的花香，飘满整条街道
有时不慎感冒，一个不经意的喷嚏
也会把所有的人感动
包括那些偶尔从这里路过的人

特别常常让人难忘的
是在寒冷的冬天，下雪的时候
他会拧紧生命的链条，争分夺秒地
透支着自己的体能，以让雪水不至浸湿
路人的眼球，上班族的心情
而冰冻的时候，也许什么都会冻结
但唐吉老汉的心永远不会冻结
因为他是用自己全部的正能量和热度
在投入这份工作，他身上那种
蒸腾不息的热能，不仅感化了这冰冻的街道

也感动了这座城市，让所有的人都记住了
他唐吉这并不动听但却正能量满满的名字

（选自 2015 年 7 月 16 日中国诗歌网“每日好诗”）

愤怒的马

顾　北

我爱的人在黑夜中心
她轻微的鼻息像午夜悄然而至的雨
她的生活：关乎房门钥匙、早餐牛奶、阳台上似开未开的迎春花，
哦，你看见了吗？
每天第一缕阳光都是她唤醒的，并给予白砂糖、微笑……
即便如此，那熊熊燃烧的怒火
依旧像不期而至的马蹄声。

（选自《福建文学》2015 年第 2 期）

暮 色

徐 庶

一盆墨汁掩盖了苍穹的瑕疵
世界原本是黑色的

许多人趁黑打劫，把自己的恶扔给夜
背负了太多黑锅，夜口难开

落日眨眼间掉下来，我们的忧郁掩盖苍茫
不是天亮了，是我们的寂寞枯到极致燃了

我们波浪一样，往前拨
身后的影子是耗尽一生骨血无法点燃的油灯

（选自《北方作家》2015 年第 6 期）

理想（外一首）

徐柏坚

河水滋润我们
而我们并不知道水与万物不争

山谷中的野花
永远不知道自己的美丽

海面是永不停息的波涛
而有谁知道大海深处的宁静

我开始变得沉默寡语，即使
被世俗涂抹成肮脏的纸

我梦见自己光亮如初
我梦见自己水草般丰茂

（选自《青年文学》2015 年 8 月号）

希腊的白夜

爱琴海长长的海滩
那儿洁白得像只白鸽子
中国法官代表团访问希腊

参观古建筑和大理石建成的法院
而让我们法官羡慕的
是雅典政府的公务员
每周上午九点上班
下午三点就不上班了
还从不加班
年终还要休假
还有时不时的罢工涨薪

黄昏的港口，大海在慢慢地涨潮
这是海伦的故乡
街头的姑娘头顶鲜花
满怀骄傲
日光也变得温和
看街边的狗
都躺着，没有站着的
太阳下没有和诗人去流浪的
青铜骑士正为雅典请安
我开始远眺群山
郁金香开满蓝色的天空下
这是个悠闲的民族
在我回国后，若干年后的天津
灯火通明，我加班伏案写判决书
在另一个幻觉中。

（选自天津《诗现场》2015 年刊）

大风暴（外一首）

——献给“2·14”

徐南鹏

是的，她的猛烈，超出了身体的志愿
大海被连根拔起
火山，这唯一开放的花朵，把自己锁进花蕾
甚至，时间的钟摆，也失去了信心，难以平衡
风暴呵，诉说爱的饥和渴，以及不安
一艘大船停在风暴中
巨大的铁链，铮铮作响，伸向海底的黑暗
铁锚紧紧地抓住大海的底座

一场大雪

这就足够了
一生中有这样一场大雪
桌上的咖啡冒着热气

这就足够了
有一个人，侧着身子
向着荒原中的如豆灯光赶来

这就足够了

有一粒雪，落在我的心上
消融

（选自《诗歌月刊》2015年第2期）

远走高飞

爱　松

去不了大海
就在彼此手心
顺着纹路的细微
找一找
人间丢失的温度

到不了高山
就贴紧彼此额头
沿着坚硬的骨头
探一探
血肉塌陷的柔软

我想带走的
除了你
还有你的影子
它常常在你的身后
拽着你
不肯让你离开

我要带来的
不是这句誓言
我害怕它成为不幸
唯一的选择

骗过生活
众多明晰的道路

如果真的走不了
那就等一等
总会有老去的一天
在小镇山脚下
挖一个坑
不必太大
也无需太深
只消容得下两个人
安静的姓和名

（选自《滇池》2015 年第 2 期）

躺在草地上望天空（外一首）

高　凯

躺下吧
把疲惫的臂膀和腿都张开
像飞的那样

张开两只臂膀就撑开了天空
张开两条腿就撑开了大地

把一切的一切
都彻底放下　头顶穹远湛蓝
身下坚实芳香

从自己的一生中
腾出来一天　躺在草地上望天空
关心云朵经过的样子

油灯下的亲人

还记得吗
那时候　一盏油灯
就能照见家里所有的人

而在今天的日光灯下怀念亲人

还没有在一盏油灯下那样
看得清楚真切

记性都长在油灯里了
眼前太亮太亮　今夜有一盏油灯
给亲人们点着多好

今生　还有明世
要是找不到一盏昏黄的油灯
就看不见那些亲人

（选自《中国作家》2015 年第 11 期）

暮 色

高亚斌

傍晚中有人从山上下来
带来晚风、落叶和山路羊肠
他背上的柴
唐诗一样古老
简单、贵重
暮色把远山勾勒了一遍
又在城区仔细描摹
一些模糊了的地方
它用雾霭轻轻遮断
一些地方，清晰得能看清
老树、小桥、一个人
晃动着的身影

汽笛突出了寂静
灯火掐灭了远山
林子形成了波涛
家的脊背上是鳞鳞屋瓦
天黑了
被暮色抹杀了的一切
又要被月光捞起、呈现

（选自《牡丹》2015 年第 1 期）

村上剪纸

高旭旺

剪纸，走进村子的内心
门和窗棂上的蜂蝶。飞来飞去
神秘，出彩
奶奶的剪刀
母亲的指尖
折叠。雕刻
还原，一张张草纸的走向

窗花。门神。年画
时光的碎片，不停地
梳理村子的纹理
剪鸟，鸟鸣
剪蝶，蝶舞
剪牛，牛肥
剪羊，羊壮

这是奶奶指尖上的恩养
这是母亲剪刀下的教诲

剪纸，村上人说
是生命的一种粮食
日子久了，常常
在咳嗽与唠叨的缝隙里

发芽，开花，结果

剪纸，比村子老
约 500 年。高龄
高过屋檐，高过炊烟
高过拆迁。甚至
高过我们每个人的内心

（选自《诗刊》2015 年 4 月号上半月刊）

秋声赋

高作余

秋风一行行，一行起于明清，一行终于昨日
秋风太远，又太近，太重，又太轻
秋风是个小圈套，里面圈着春夏。炎热已逝
悲凉重来，有十万里落叶任其挥霍

一场秋雨骑着马，赶走多少薄脆的夜色
秋雨催人老，把邻家女孩催熟
这个秋天，一碰就会出水。贩果的大型汽车
狂奔在高速路上，秋风替它速朽

我是无法归顺的一个。“瓷碗破败
盛满青苔的积雨”。体内的微光，是秋风
用旧的佩剑。但舞剑者已被墙角的蟋蟀接走
围观者被沿河两岸的芦苇冲散

最后只剩一杯茶，以地远天高为念，咽下
我们烟雨苍茫的前半生

（选自《时代文学》2015 年第 4 期）

故 乡

唐 力

我向一百座山峰高喊
却有一百零一座山峰回答

我与十个人喝酒
却有十一个人共同举杯

我向二十个亲人问候
却有二十一个亲人向我招手

我在三十条河流中洗脸
却有三十一条河流映出我的面孔

我向四十间老屋拜访
却有四十一间房屋向我打开房门

我双眼流泪
却流出四行冰冷的泪水

——哦，那是我的灵魂
另一个我，一直生活在那儿

（选自 2015 年 7 月 31 日《遂宁日报》）

在暮色中赶路（外一首）

唐　诗

暮色多么沉寂，在这深山，听不到
一只鸟鸣，一声狗吠
漫天的雪花
不慌不忙地飞舞，像一些寒冷的故事
轻轻地，簌簌地
梅花飘落
我在古老的寂静和难得的香气中
匆匆赶路
一段路如爱情平坦
一段路如痛苦陡峭，我被飞雪盖顶
又被传奇忘掉
但内心始终有一群鸟
坚持着红色鸣叫
壮怀激烈的诗句刹那冒出来
无端疯狂的噩梦
不知不觉地死去
我感到燃烧，感到猛烈，一条红狐
在雪地带着火焰奔跑
崇山峻岭
抖动嘶鸣的鹰的羽毛，我不相信
冻僵的黑乌鸦，不能
被白色喊醒
我决不停下来彷徨，迷惘，张望

也不颤栗着等待
在这薄暮，在这返回
故乡的路上
此时没有闪电的利斧向低垂的树枝
无情地劈下，虽然
有巨大的孤独
虽然，明月不会突然降临……

（选自《华语诗刊）2015年5月号）

黑夜的墓地

黑夜的墓地，风吹着，仿佛
我听惯了的文字
叮当作响

笼罩在坟上的刺梨花
隐隐约约地白，好像残雪

我想象，墓中的人
一定还没有沉睡，一定还很明亮
因为他从不畏惧黑暗
内心，有一盏永不熄灭的灯

因为，他是诗人，满脑的文字
都是星斗

何况，刻在碑上的名字，有月光照耀
还有长在墓前的白玫瑰

像他喜欢过的
纯洁的人

黑夜的墓地，风吹着，我真希望这位朋友
翻身而起……

（选自《重庆诗刊》2015年秋季号）

隐身人

唐 毅

有时，我真想做一个隐身人
那样就可以无处不在了
可以在一旁读你
一本打开的书。可以准确知悉晴天或雨天

只在适当时候现身
那一份惊喜，可能不怎么想得到
其实这个隐身人一直存在
并且就在你身边。不过那是我的一种灵感

（选自《诗刊》2015 年 3 月号下半月刊）

乡愁如海

唐宝洪

每每梦醒时分
乡愁无处投宿
谁　能为乡愁开具一张证明
证明故乡的标识
证明故土的胎记

乡愁如海
乡愁的味道咸涩
乡愁的思绪茫茫
波涛澎湃里
关于老家的记忆
如帆
远航　远航

淡淡的乡愁
不经意间
就是一场海啸
归家的路总是那么遥远
归家的日期总是那么漫长
乡愁在海水里泡胀
成为一枚耐嚼的酸酸甜甜的话梅

梅雨时节

淅沥淅沥的雨点
敲痛我的睡眠
淋醒我的惆怅
让我把乡愁焖进心窝
焖出
世间色香味别具一格的佳肴

（选自《厦门文学》2015 年第 5 期）

乡 音

唐朝白云

在沙滩上，我即使闭上眼睛
也能从潮汐中捡起你的日出和日落
在草原，我即使两耳失聪
也能从风吹草低的牛羊中接住你哒哒的马蹄
从乡村到城市，从黑夜到白天
风霜雨雪，不停地转动冷暖的经幡
燕子、蟋蟀和青蛙不停地吟诵时光的经文
一条大河从身边匆匆流过
从童年到中年，从黑发到白发
我不停地拆卸手脚，清洗骨骼，翻晒灵魂
不停地爱着恨着，一条路在面前，越走越远
一双鞋在脚下，越穿越分不清左右
在十字路口，如果你轻咳一声
时光会慢下来，世界会静下来

（选自《星星》诗刊 2015 年第 2 期）

芦花开了

滩溪畔，芦花开了
一株一株白了，一丛一丛白了
白成了一场鹅毛大雪

——濉溪的秋天，到了

清晨，我坚持跑步
傍晚散步，一步一丛芦花
一步一簇浪花，白天是被我跑白的
黑夜，是被我走黑的

这么多年了，白鹭在芦花丛中觅食
恋爱，芦花一遍一遍抹去我的脚印
但我知道，不管走到哪里
我都是一个小黑点

濉溪畔，芦花开了
一株一株白了，一丛一丛白了
白上了我的头顶，白进了我的骨血
——这是我的秋天吗？

（选自《福建文学》2015 年第 3 期）

光之碎片

唐德亮

夜被敲成无数块碎片
每一块碎片　来不及呻唤
便已化作星霞

我被夜水洗浴　又被星光冶炼
红葡萄般透熟　却没有腐烂
我高举山峰般的手
托起布满霞光的眼睛
照耀身前边的道路和身后的悬崖

把天空归还给空气
鸟儿有了一对坚硬的翅膀
远离蛇一般的目光纠缠
比风轻盈　比水透明
比自由的目光更加自由

黑夜已交还给魔鬼
让它的心充满黑暗
剩下的日子
剩下的心情
除了混沌的风景
除了飘忽的阴霾
便是潮水般涌来的
光之碎片

（选自《黄河》2015 年第 5 期）

时光那么长

桑　眉

其实，
她是想要全世界都知道的
那件事
在你那里变成谜

全世界都知道她开始爱哭了
爱在楼上窗台上写信
阳光像一盏灯
剪影像经典剧照
很多年仍留有某个字的浅痕
和手肘的余温

刚才她还在楼梯上
在玻璃上无意识地画月亮
她忍了又忍，到底没能
看好自己的舌头
她跟要好的女友慷慨地交换秘密
她出卖了你
并且一再笑着淌下泪水……

现在，世界上有人知道你了
世界就会慢慢传唱：
多么骄傲，啊心爱的

你住在她心上
像传奇
像春天
像三叶草在大地上履上苍苔
草儿点点头她就欢跳
草儿睡着的时候她就掉泪
皱眉，无限哀伤
……
（时光呵，那么长那么长
要将你如何安放？）

（选自《鹿鸣》2015 年第 6 期）

哈佛大学

黄亚洲

最普通的红砖墙，最普通的黑铁门
围着
八位美国总统与一百二十五名诺贝尔奖得主

还围着
哈佛先生的坐姿。他的皮鞋尖露出了铜质的闪光
每天都有参观者的抚摸
争先恐后，还带着他们的孩子
把一双1638年的皮鞋，摸成了
自己的太阳

这座
全世界排名第一的大学，真的有
全世界最好的脚劲
能走进全世界最多的梦境

草坪没有斯坦福大学那么辽阔
树荫也没有耶鲁大学那样浓密
楼舍是一律的红砖老墙，这一状况就像
人类的大脑，沟回里没有杂质

现在我走进哈佛的教堂
我只看见金色的十字，没看到上帝的神像

一刹那，在我想象中，白色的穹顶下
一排排坐着的，都是上帝

离开校园时，一位哈佛学生迎面走过
目不旁视，挺胸，微笑
我不知道他，是美国
第几任总统

（选自黄亚洲诗集《我的北美，我的南美》，环球文化出版社2015年8月版）

绿 道

黄灿然

我沿着村口的绿道
到山下的溪涌市场买菜。
我感冒还没全好，
鼻子里隔一个小时
半个小时
就会塞一坨鼻涕，
不擤不快。
回来的时候，
我一路想找一个脏些
乱些的地方擤鼻涕，
但绿道是如此干净，
靠山的一边长满如此多美丽的花草，
另一边的公路也如此安静和整洁，
我只好从身上搜出一块手纸
把鼻涕擤了，
然后塞到最脏的地方
——我的裤袋。

（选自《诗建设》2015年秋季号）

你的栖身之所

黄金明

作为河流，你栖身过每一道河床
而被各式各样的河岸驱赶，犹如异乡人
引发了看家狗的狂吠。河流像新织成的绸缎
完整而起伏，而波涛像隐喻的玻璃
在锤子的敲击下获得琐碎的意义
你也曾摧毁大船，冲垮堤坝，像油画中的牧马人
一鞭抽掉了画框，像镜画中的马群
踏碎了镜中的草原和露珠，像一棵橡树
因隐忍的波涛而瓦解。山顶公园的消息树
不仅是信息时代的象征，也在传播候鸟的流言
和春雪的飞语。啊，你胸膛的冰块
因怀抱中的天鹅在逐渐消融。因为你
这个世界就不全是荒凉，你爱过的人，你住过的房子
你凝视过的满月和月季。你穿越过的草地和树林
你触摸过的体温，你亲吻过的嘴唇……
像你年少时的梦幻，在此刻化为流水
注入你身内或身外的河流。没有一个人是孤岛
也没有一条河流是孤儿，但大海是孤儿院
唉，大海也是流动的乐园，是永恒的情人
你从雪山上来，而走向了沙漠。现实的土壤
开出了荒诞之花——仙人掌以尖刺收集露水
绿洲上的喷泉，炫耀着暴发户的水池
沙之瓮里的幽暗、虚空……和心碎，比大海更深

忘掉爱你的人吧，也忘掉仇敌。干涸的盐湖不说咸苦
铲平的山冈不说创痛，季节河也不说恐惧。

（选自《诗刊》2015 年 1 月号上半月刊）

墓志铭

萧振中

这颗牙齿脱落了
它咬过食物
咬过笔杆
咬过爱人的嘴唇
也咬过敌人的手
更咬过黑暗中的镣铐
如今它脱落了
向这尘世
交还它曾死死咬住的
风雨和阳光

（选自2015年9月22日中国诗歌网“每日好诗”）

夜色

梦天岚

我不再等待的那个人
同这夜色一起降临
但他已看不见我
他想跟我打的招呼
也没有兑现

以至我不能理解
我的狭隘里有着太多的同路人
我们一起走向夜的深处
那未知
用话语的灯盏已不能点燃

这要命的自信像一种飞翔
总是高过内心的恐惧

（选自《扬子江诗刊》2015年第2期）

你要把握好我开放的分寸

梧桐雨梦

太热了　以至于许多花朵
在枝头上站不住脚　我一遍遍喊出你的名字
我也站不住脚啊　亲爱的
为了你的念想　我已经开了一遍又一遍

为了你的念想　我宁愿身心负重
许多草本的记忆　因你而复活
但是你要把握好我开放的分寸　把握好
我略显紧致的紫色旗袍　它们都是我爱你的
最好佐证

你习惯性的冷　也吻合了我怕热的体征
有时你对空调发狠　再冷一点吧
我们的世界就不会有缝隙　我们谈论潮水
人性　和一切美好的事物

没有哪个黄昏　配得上如此醉心的生活
或许　我还应该在你耳边描述
同样站不住脚的浪花　他们同样具有
你和我的双重身份

（选自《诗选刊》2015年第6期）

白玉兰和紫玉兰

曹　旭

一个往白里开，一个往紫里开
开成生命里绝不反悔的颜色

非要白到极致，紫到极致不可
极致成忧伤，是自己的选择

紫的心里是白色
白的内部是紫色
没有人知道白与紫的尊严

一个是激情的号角
一个是春天的灯盏
四月的燃烧，使它们不再孤单

对着白玉兰和紫玉兰
我写啊写啊，很怕把它们写成
一个男人和一个女人的故事

在路的一隅，开成脉脉的凝视
不能公开牵手，却用心紧紧相依

男人是一棵树，女人是另一棵树
哪怕一阵风雨，一寸相思一寸灰

（选自《青年文学》2015 年 8 月号）

我爱这花苞裂开的时光

曹立光

我爱上的桃花怀孕了
微凸的小腹住满了阳光的种子

春风被发芽的心事抚摸
泛绿的远天挂着白的云朵

我坐在万物生长的土地中央
听一条蚯蚓自弹自唱

我爱这花苞裂开的时光
也享受这世界暗藏的光芒

（选自《诗刊》2015 年 1 月号上半月刊）

母亲在我的身边熟睡（外一首）

龚后雨

整个客厅都弥漫着母亲的气息
我的母亲，刚才还念叨着什么
转眼，就在我的身边悄悄睡去

春光就在窗外，那些花儿，那些正在长高的孩子
我的母亲已无暇顾及
她的容颜黯淡，蜷缩在沙发的一角
像是一粒尘土
只有我能听见母亲心跳的声音

母亲的白发有些散乱
我现在不能为她梳理，我只能静静地注视
我年迈的母亲

我看见，褐色的老年斑
一点一点，占领母亲的脸
一点一点，接近故乡泥土的表情

整个房子都弥漫着母亲的气息
母亲，把一生的力量都给了三个儿子
只剩下微弱的一缕，用来睡眠

平安夜

今年的平安夜有点平静
三五个短信，都是流行的句子
也许，已没有人愿意专门为你
写点什么

唯一需要打的电话是给母亲
我问她吃饱了吗，是否要加床被子
提醒八十岁的老母亲
临睡前，把假牙放进清水里
最好加点盐

母亲问我是否回家过年
我支支吾吾，不敢肯定
电话里，母亲的声音有点沙哑
我叮嘱她天气干燥，要多喝点水
晚上不要出门，陌生人的话不要轻信

我就这样和母亲说着话
家长里短的，结果忘了告诉千里之外的
老母亲，今晚是
平安夜

（选自《诗刊》2015 年 6 月号上半月刊）

雪花的六根肋骨

雪　馨

第一根

绣上初识。用小小的绣花针
绣出嘉陵江
我们相遇的距离，刚刚好
落下夕阳

在肋骨的时光铜镜里
击节而歌
留下些声声慢

某一天，我们隔岸了
记得把她挂在你的窗檐
你想我一次
她，也会响一次

第二根

取下第二根肋骨
为迟到的一生，碎成三百六十五片
一半引渡
一半续缘

奔赴的路上
以水的柔弱融入，以袖口半掩面等待

等眼里的影子，变成了
温暖的名字

不必拐弯
淌出来，让四季的美
都染上
芦花的白

第三根

北风正紧
围炉的三两只纸蝴蝶，已经醉了
我不能自私的
独自醒着

靠近，再靠近
保持初放时的安详
借炉火之手，摘除第三根肋骨的锋芒
彻底醉过去

这夜露
这黑暗
这雾霾
是最昂贵的赌注，你来
我便是赢家

第四根

不想欺骗自己
以第四根肋骨为笔
在绯红的枫叶上写满春天的故事
如果大地解冻，请替我绾发

真实已迷上了阳光
陪我坐坐吧
让所有的伤口言归于好
让梨花开出月光的白

让风吹过来，即使长发不再
你依然可以看到
雪花
正潇潇洒洒

第五根

你说你正执梅穿过雨水
而我正单衣试酒
苍山负雪的北方如此辽阔
足够种下，你漂泊多年的心事

被风折叠过的人生
我们注定都只是过客，无法预言
哪一个最先离席
趁来路还在

我愿用第五根肋骨的白
换你手中的一段香，落地
成为你
迎娶的新娘

第六根

隔岸的风云都是诗歌的毒
我们素面

从桥上走过，入骨三分
绝望的笔再次开花

此刻的花朵
有些桂花的味道，我们用手语
叩动门环
红烛已潸然

来吧，拿走最后一根
飞花轻似梦
折断所有的翅膀，只为与你一起
给大地鞠个躬

（选自 2015 年 12 月 11 日中国诗歌网“每日好诗”）

父亲进城

常建世

一大早 妻就问我
听没听到父亲的呼噜
我说 没呀
妻没再说什么
纳闷着走出了家门

听说父亲要进城
妻就闹心了
因为她怕 怕父亲
接地连天的呼噜

父亲进城 是冲我
新购的房屋来的
他说 他年纪大了
保不定说走就走了
看一眼我的家
要走也走得踏实
他还说 这次进城
住一宿就走

下午送走父亲后
妻郑重地告诉我
父亲一夜没睡

她说她提前下班

进门就是一屋子的呼噜

问父亲 父亲说

怕影响我们上班

早上才睡

（选自《民族文学》2015 年第 10 期）

和春天一起醉樱花

康　桥

是世界在缩小　还是春天在放大
一条缤纷的樱花路　连接了
你和我

梦幻般的仙境
仿佛就在昨天　我在樱花树下
默默地等你

爱人　这是你的故乡
诗经的诞生地
西依太行　东临华北平原

仙鹤栖息的甘甜之地
醉人的樱花正悄然开放
南风徐徐吹来　爱人
你离开故乡多久了

而我正从远方出发
去往淇河　去往淇河以北的
樱花大道

春天里和樱花并肩
就是和爱并肩　和你并肩

爱人 准备好你的画笔了吗

我多愿你是红发的梵高
画出醉人的樱花朵朵
满眼的樱花　一朵一朵粉色的翅膀

越过阳光越过风越过我的头顶
我的秀发一根一根地香了起来
脸颊写满盈盈的光泽

在樱花大道漫步　我是多么地爱你
灿若云霞的樱花　它们粉粉的手掌
抚摸着我

此时　我的体温也变得香了起来
在樱花大道行走　仿佛
那淡淡的香在我血液深处

这条芳香的路
是爱和恨都可以溶化的路
鸟声醉春

如果　如果春天的路
用花朵丈量
我愿倾尽樱花所有的香召唤你

像樱花一样扎根
扎根于爱和希望
我像樱花一样淡然 清雅 素洁

等你　我用樱花的眼睛眺望
我用樱花的心跳感受
我用樱花浑身的芳香浸润

爱人　你出发了吗
故乡的樱花大道
鸟儿比我更早地来到

它们染香的鸣唱在召唤
慢慢地等待一颗心的回归
这个春天　我和樱花并肩

（选自《青年文学》2015 年 8 月号）

穿越象山

梁雪波

穿过象山的时候，我以为是梦
一个紫色的梦，或者关于梦的解释

我梦见麦地、棉花、苦涩的夏天
我梦见一只巨象正在穿越我的身体

而由象集聚的石头
使一个阴沉的下午陷入深深的混沌

石头需要坚硬来支撑想象
正如我身体里的采石场需要一吨炸药

然而此象是否已从棋局走出
是否有一颗头颅还卡在动物园的栅栏里

是否脑袋应该像滚动的石子
咬住冒烟的车尾，紧紧追赶那飘荡的梦

对于象山而言，石头是不重要的
命名是不重要的，雷管可能因天气受潮

飞鸟、夏天、热情的废铁，以及
生活的开颅术，都可以省略掉

省不掉的是，当我穿过象山的时候
什么在穿过石头、敌人、采石场的野菊

和谁在途中相遇，并在那交错的泪光中
撞碎一头猛兽庞然的幻影

（选自《诗建设》2015年春季号）

心情菩萨（外一首）

——观龙门石窟有感

董进奎

是谁把我囚禁于洞穴之中
千年冷看伊阙水涌
是谁给我石头般的心情
连微笑也显得冰冷
是谁铸就没有影子的孤独
让我万年乞讨阳光
是谁匍匐在我的脚下祈祷
缭绕云烟，模糊了我的眼
也朦胧了你的眼
是谁与我合影留念
分不清我是你，你是我
走进来的是你，走出去的是我
有谁替我坐禅
我为你盛开石莲

（选自《青年文学》2015 年 8 月号）

瓶　子

沐浴了一场火
被一口气鼓动

光华如玉
装水、盛酒或药甚至毒
被捏着喉咙招摇
偶尔，一种亲密
两个嘴唇却发出同一声嘶鸣
击穿夜，一切都很惊悚
犹如猛牛临床一刀
被抛弃，终归破碎才锋利示人
如果，我被硬性撞倒
支离中我是否
该抽出骨头砥砺成剑
收回一生的被动

（选自《江南诗》2015 年第 5 期）

这个夜晚

蒋　在

我拥有
七天的时间
去修补

一种新的眼光
把持
你的每个夜晚
爱上我吧

我已不能再数出
多少个　小时
原谅我吧

你期望着
把这里变成家
每夜在这里
叫醒我

吸气
或者呼气

说服你的
是这个女人吗

七个夜晚
讲出来

给我一点光

你比我睡得
更快
今晚
或者其他
另外的夜晚

（选自《山花》2015 年第 5 期）

雨后的小树林

蒋本正

几声鸟啼
准确地击打在
树干的小枝节上
三五朵天山红花
像是从天上跌下来的一样
红光四溅

几缕从云彩缝里钻出的阳光
轻轻飘飘地落在
草叶的露珠上
颤了一下
又颤了一下
然后
掉进草丛
碎了

（选自《西部》2015 年第 9 期）

从新闻学和法学的角度分析一桩借款

韩庆成

你告诉我，我们之间，有一桩借款的事情
这事来得太突然，我不得不先从新闻学的角度分析这事
时间是有的：80 年代末
地点也有的：宁国县城南门桥
人当然也有：就是你和我
何事：借钱
结果如何是你告诉我的：借了 70 元
我感叹你的诚实，兄弟
从新闻学的角度，这些要素是齐备的，虽然
搞新闻的实际上并不恪守这五项原则
谎言于是就往往以真相的名义，见诸报端

我还想从法学的角度研究这桩借款
首先从时间上就发现了破绽，借款的有效追溯期只有两年
而实际的借款时间，已经超过 20 年
其次地点也很可疑，南门桥 20 年前应该没有监控，即使有
也不一定有存储的功能
这桩借款，用法学术语说，缺少影像证据
第三，也是关键的一点，这桩借款除了当事人你我
竟然没有证人。在一个法治的社会，没有物证没有人证且已过期的借款
等于没有发生。虽然
法治二字对诗人来说，并不是合适的挡箭牌

但在债权人已经忘记的时候，债务人主动提出还钱
不但可疑，而且已涉嫌扰乱借贷市场
和谐的秩序

（选自《山东诗人》2015年春季卷）

花枝

雁　飞

客来客往，他被欢娱空了出来，
像枝条，被花朵空了出来。

有人开始暗暗纳闷：他怎么啦？
他变得有些心不在焉了，
常常一声不响地跑了回去，
跑回，那花团锦簇的烂漫时光。

他越来越像一枝繁华落尽的枝条，
有些清冷，有些落寞。
谁也不明白，他沉默不语的那会儿
眼眶，为什么，又一次湿润了。

（选自《诗江西》2015年第2卷）

微弱的灯盏

黑　雪

请允许一朵迟到的桃花
赶上就要启程的春天
允许一棵野草，喊出心中的草原
河流转弯的地方，要有三两声狗吠
四五户人家。夜，可以再深一些
梦，可以再长一些
归乡的路，不再那么遥远

允许一只蚂蚁说出穿越城市的冷
允许一只蛇皮袋喊出流离的累
允许我深藏于广袤的黑暗
用胸中微弱的灯盏
向大地运送一些小小的光明和温暖

（选自 2015 年 11 月 17 日中国诗歌网“每日好诗”）

那拉提的夜晚

曾丽萍

伊犁河谷。大雪初停。
洁白的大地是一朵硕大的雪莲花，
莲花之上，是谁，跳着欢快的黑走马？
是谁，弹唱忧伤的故乡谣？

滚烫的奶茶呈上，是谁
捂紧内心的风雪
在毡房的人群中打坐？

那拉提巴音赛的夜晚啊
童话披着雪
星星凝着霜
我用心中的灯盏，驱散
人间的黑暗

（选自《西北军事文学》2015年第3期）

在西双版纳植物园

温　古

在植物园内许多不知名的花卉中
我们公认那棵虬曲的老树为部落酋长

肥硕的木瓜袒露着滚圆的乳房
不忌讳野蛮的阳光肆意地抚摸

我们知道高高的凤凰树下
鸡蛋花泄露了五月的秘密

爱情成熟的季节，多少场约会在进行
割胶人的手指，流淌着蜂蜜

假如一阵细雨踩着树叶轻轻经过
谁能数清多少棵椰树在南风里怀孕

（选自温古诗集《低低的火焰》，内蒙古人民出版社 2015 年版）

往事并非如烟

渭　水

风来云去，日出日落
如烟的往事是平庸的回鸣

并非如烟的往事
是压在心头的一块顽石

在二战蒙难者坟场
我看到密如丛林的十字架
高擎着亡灵不眠的手臂

走进南京
脚下每一粒饮血的雨花石
让同胞一触即痛步步沉重

如果真的往事如烟
或许会逍遥太平
或许会遭遇新的不幸

（选自《绿风》2015 年第 6 期）

傍晚

窗　户

再也不会有人遇见你的傍晚
就像再也不会有人想起你的傍晚
你除草回来的傍晚，砍柴回来的傍晚
守田水回来的傍晚，独自从山中、地里
回来的傍晚，月亮刚升起来
路边风高林黑的傍晚……你每天的傍晚
我能想到的只有这些——可这些
足够我遥想一辈子了妈妈！这些傍晚
就像后来升到天空里的星星

（选自《中国诗歌》2015 年第 9 卷）

羌塘草原（外一首）

谢克强

这里什么也没有
除了远处的一座座雪山
和雪山上飘浮的一朵朵白云

这里什么也没有
除了雪山下一片苍茫的空旷
和空旷里铺展的一地阳光

这里什么也没有
除了开在阳光下的几朵野花
和野花散发的淡淡清香

这里什么也没有　只有
一群群肥硕的牦牛和一群群羊
低头啃食一地阳光

（选自 2015 年 2 月 11 日《人民日报》）

敦煌的月亮

远来的风
将一串串驼铃摇落之后

一轮月亮　悄悄爬上了鸣沙山

坐在鸣沙山下
坐在一首诗的上阕下阕之间
我仰望着山顶的月亮

追着骆驼的蹄印
这摄人魂魄的月亮　悄然如约
亦如我　来到夜的敦煌

莫是从莫高窟偷偷跑出来的
飞天姑娘哟

（选自《飞天》2015年第5期）

寒 风

谢启义

如果冬天的寒风更大一些，日子的荒芜更浓一些
这个在寒风中坚持工作的中年妇人，她工作时的动作
像寒风，从报道过她的那张报纸上撕下来的一样，蹒跚、忧郁
日子的荒芜在寒风中越来越浓

这个叫骆珍的清洁工，她咳嗽、胸闷，她半白的头发
与低沉的咳嗽声一同跟寒风纠缠，一口痰
吐在日子的锅灶上，带血的肺无法承受日子更大的寒风了
以及寒风尖锐地鸣叫。她吐出一个个日子
顺着扫帚的把杆，让一生的苦被清洁的街道载着

1998年她与丈夫离婚，硬是带着残疾的孩子
顶着被粮管所扫地出门的风险，顶住了粮管所那些头头们的催撵
那年她30岁，她残疾的孩子仅仅刚满周岁，她在空荡的小屋里
紧紧地抱着自己的孩子，寒风在一阵阵收紧
泪水，打湿在孩子的额上和大大的眼睛里。2005年，粮食局与商务局
合并，再次把她逼迫到刺骨的寒风里。拆迁赔房的名单上没有她的名字
住房又成了大问题。她一纸将粮管所告上了法庭
这一年她上了报纸。她说，那时她见到了新世纪的曙光。
2010年刚十二岁的小姑娘还是没能保住幼小的残疾的生命
她的日子终于散架了。这些年，她一直没有变

早上四点起床，晚上十二点睡觉
中午回一趟家给孩子做饭，在寒风中顶着时间的追赶
现在她什么都没有了，政府分了一套廉租房
可有时她低下头一想，大脑猛地就空空荡荡

（选自 2015 年 7 月 28 日中国诗歌网“每日好诗”）

诗 歌

蓝 珊

魔鬼说
你去诱惑他
就能得到他

那我宁愿选择
放弃
就像海的女儿
为了心爱的王子
变成
泡沫

这个世界
语言已被污染
隐私像垃圾一样
暴露
情感被一次次
整容

诗歌和我
隔着一个世纪的冰山
他已经沉睡了几千年
长长的睫毛上
闪烁着

二十一世纪的星星

但是
不要叫醒我所亲爱的
等他
自己醒来

（选自 2015 年 5 月 17 日中国诗歌网“每日好诗”）

在汉人坡荔枝园

赖廷阶

汉人坡上，正在开的
荔枝花看不到尽头
犹如果农手持的一箱蜜蜂
放不下去　又提不起来了
我就站在小溪边　看见
这些快要凋零的荔枝花
在开会　在交头接耳　在谈情说爱
在高高的枝头等待夏天
作为一名旁观者　我在风中散步
看流水从木花桥下穿过
在一块巨大的白石旁转身
又向不远的茂名流去
听流水在汉人坡上歌唱
在浮山顶上的白云间回响
又向遥远的天堂飘去
我对他们无能为力
他们对我视而不见
我在汉人坡荔枝园独醉
挡不住今夜
月光平等　均匀地普照大地

（选自《诗选刊》2015 年第 12 期）

论剥毛豆的艺术

路 亚

如今我才耐下性子来剥毛豆
豆子因滚圆的身材撑出了
明显的轮廓而脸色发青
这让我刚剪过的指甲很不舒服
我刚告诉女儿一个秘密：
在烈日下引爆自己
是豆子传播自己的方式
一粒豆子就从我
拇指和食指间的豆荚里蹦了出来
如此之快，像一枚炮弹
瞬间完成了它的一生

（选自《诗刊》2015 年 6 月号下半月刊）

山垭

路　也

我在一个山垭停了下来
两簇峰峦之间的这个路口
背向不远处一座倒塌的古寺
胸襟朝东敞开，去往山下一个小村

我在一个山垭口停下来
山的册页被我哗哗乱翻，至此打开新篇
是一只豆雁把我引到这里
它飞得没了踪影之后，我仍然望着空中出神

我在这个山垭停下
一个农妇孤坐避风的崖根，向我兜售黑枣
它们盛在布袋里，肉少籽多，长相贫寒
吸取了尘土的味道
它们安慰过我的童年，现在又来安慰一个失败者的内心

我在这个山垭停下来
这是两道山脊延伸并渐渐靠近之后
尾骨衔接之处
我想在地图上标注这个垭口，给它起个名字
我想听到自己的回声

我在这样一个山垭停下来

有一朵云恰好也飘到了这里
它看上去没有力气，形状像有了身孕
它继续往前移动时，我向它挥手告别
彼此相忘

我在一个山垭停下来
天色渐晚，黄昏有一个巨大的门槛

（选自《人民文学》2015 年第 6 期）

左权墓志铭（外一首）

简　明

还记得左权墓志铭的人
已经白发苍苍

左权拄过的手杖
在墓旁，投下寂静和阴凉
只有一只鸟儿在歌唱
守墓人为此活着
并且不再悲怆

没有遗憾的生命，决不会死亡
留下来不及完成的伟大事业
远比留下自己——更为珍贵

但我决不是为此死的
以身殉职——这就是
我死去的全部内容

我墓前扔着一束鲜花
翩翩少年的歌声
既不欢乐，也不悲伤

（选自《诗刊》2015 年 7 月号上半月刊）

卡夫卡自传

我在地球表层刻下一刀
简洁的刀法，与我的命运相似

飞鸟留在天空中的体温
只有天空才能感知
风，什么痕迹也不会留下

一直往低处走，反而成为高度
我从未超越过别人，只完成了自我
我走了相反的路

我的偏执抑或深刻
羞于后人勘测

（选自《文学港》2015 年第 1 期）

远　方

蔡天新

总是被远方吸引
总是被移动的风景吸引
只有当鸟儿回旋在稻田之上
才注意到那一片金黄
只有当风儿吹过
摇响身边的那棵桃树
才发现它的枝丫影子绰约
只有当阳光猛烈地照射到脸上
才发现葡萄园的绿色浓于青草
远方的色泽暗淡下来
但它仍然十分迷人

（选自《十月》2015 年第 5 期）

芒果入门

臧　棣

芒果的说服力
确实值得借鉴。黄色越醒目，
成熟越绝对。它们赞同这想法，
并鼓励这样的迁徙——
甜，沿北方的记忆
放大了世界的爱。每个人
都可能沾边，和每个人
都有机会沾边的区别
真的有那么大吗？芒果的疯狂
比你在我们的死亡中
懂得的东西更接近本质；
它们将它们的本色
陈列在时光的形状中。
不论你在哪儿，只要我们手里
还没拿着原始的石头，
你就比地狱幸运。捏一下五月，
还没怎么反应过来呢，
生活的臀部已缀满了
你的芒果。我如果还有别的替身，
我会比现在更愿意看到
将金枝压向大地的哭泣的
那最后的重量，来自你
有一颗无知的甜心。

（选自 2015 年 6 月 1 日中国诗歌网“每日好诗”）

天葬台的清晨

萧 潇

一颗空荡荡的头颅，一阵风
的迁徙，一群飞翔的白骨之灰
手牵着手，吹进了这个黎明
那些走向天边的皮肉
使阳光伸出舌头，急骤升起来

这个世界的最后一次歌唱
是铁锤跃进肉体溅出的火星
她的速度
是手指解开衣裳的一瞬
是某个雨夜之人，万念俱灰的清晨

（选自《江南诗》2015年第2期）

老农民

熊　曼

想起他　就想起
石头的沉默 流水的隐忍
一个身影挑起粪桶
在田埂上健步如飞
一个身影面对幽暗的命运
把腰身低了再低
但无济于事

现在他是一个
怀揣炸弹行走人间的人
一个被命运判了死缓的人
爱过他的，恨过他的
最终选择原谅了他

婚姻失败远走他乡的女儿回来了
流水线上做工的儿子回来了
作为宗亲的我，正午时分搭乘巴士
从省城回来了

为减轻亏欠感
我们递上几句轻飘的问候
和几张薄薄的钞票
但一切都来不及了

屋外菜园里
他种下的洋芋正在生长着
紫色小花开出了密密麻麻一大片
好看且忧伤

（选自《芳草·潮》2015年第4期）

一片荒原：一直在等（外一首）

髯　子

一片荒原
一直辽阔着，一直苍凉着
它一直在等：天，落下来

群鸟落下来，天
没有落下来，雨扬扬洒洒落下来，天
没有落下来，雪
飘着舞者落下来，天
没有落下来，夕阳西沉
远山冶石成金，晚霞曝出感情的底色
遗憾的是，天
没有落下来，月落
多么直白，准确无误，这时候
往往以为天应该落下来了，然而
天仍然没有落下来

一直古老着，一直神秘着
一直孤独着，一直悲伤着
一直空着

像我的心在等你的心——
一直在等，一直：在等

一座烽火台

一座烽火台
我看见的时候，恰好是一只鹰
飞上天空的起点

一座烽火台
表面上灭了，其实
心里一直在着火，一直在冒烟——
任凭时光流逝，江山改姓
一直站在荒野里
一直叫做烽火台

荒原，平铺直叙开来
站在烽火台上，我与它合二为一
等一只鹰，再次触及我们的灵魂
我们长出羽毛，长出翅膀
翱翔的时候，我们以鹰的眼光看见：长城
是一条弯曲的线，如果画直
改写的不仅有历史
而且还有人心

（选自《星星》诗刊 2015 年第 11 期）

天府广场的地铁站

黎　阳

这地上和地下的流畅，节约的不止是时间
开门和关门之间，等待驻足是全部的风景线
总有些分秒在无形的漫长中失效或者休克
一张天府通的卡片收集着大部分人的舍得

广场上的塑像，只有目光还会记得
可能有一天孩子会问　那个人是谁
会问千里冰封万里雪飘的东北
为什么不冷　成都的冬天冷
或许会明白，离开亲人有多疼

习惯用一个方向，决定幸福
只有目的简单，生活才没有那么多的琐碎
当抉择的脚步不再摇摆
路边的草也就伸直了腰　继续生长

（选自《鸭绿江》2015 年第 6 期上半月刊）

博物馆

黎 衡

你的左眼和右眼、
鼻子、嘴巴、耳朵、四肢，
是十座博物馆，
收集历史、美和距离。

在开幕和撤展之间流转的
血液，让日升月落
沿着肌肤的纹理布景。

回忆和想象，
各自展开一条
没有尽头的玻璃走廊。
等待着睡梦来盗窃，
却一无所获。

你走进他们的博物馆，
像巨人睡在小人国。

（选自《作品》杂志 2015 年第 9 期）

落叶，秋天的窗口

潘永翔

大片大片的往事
从岸边脱落
河水泛着浪花
依旧前行

汗水或者艰辛
耕耘或者收获
一个季节的背影
在秋水里伫立

一片叶子
洞开秋天的窗口
让所有的日子
变得无足轻重

一扇窗打开
也许就会说出一个真相

（选自《石油文学》2015 年第 2 期）

亲爱的安莉亚

潘红莉

安莉亚，现在的秋天切换着画面
我喜欢远方的虚幻 薄雾弥漫的词语
猜测 推想 在扩大的水印下弥散
我也在朦胧的视线中试探时间 远方的敬仰

安莉亚 水边的柠檬树冲出了重围
天空的镜子教训着死亡 悬崖边上的杜鹃
看一世的江山 傲视生死 烂漫地开 也
招募雪涂抹炎凉 怜惜远方的不见

安莉亚 这世间的常来常往我们那么生疏
这个秋天的米粮富足 果实再次等待树
幸运的引子 魔幻的经典 事实上你的出现
让秋天满含深情向深处走 大地山脉都一片金黄

（选自《岁月》2015 年第 10 期）

回乡途中读保罗·策兰

霍俊明

北京车站。人流。
每一秒钟都是全新的

楼顶那架老式巨钟还在准点报时
我踏上广场的第一步，报时音乐响起
——“东方红，太阳升，中国出了个毛泽东”

我还处于晨昏中。
一辆绿皮火车将是我四小时的容身地
列车缓缓向前，终点是山海关。

手里拿着黑色封皮的保罗·策兰诗集
这是我带着保罗开始
第一次的中国旅程
他是否有勇气
在中国再死一次

可以肯定：整趟车没人知道，也不会关心
谁是保罗
也许有几个体育迷知道保罗——
一个曾预测足球世界杯的章鱼

如今，章鱼保罗死了

诗人保罗也躺在身边的黑色书页里

身边那一张张修饰过度的脸
闪着城市的疲倦
保罗在书中躺了多年，
我从来没有勇气打开它

生活并不沉重，也没有
想象中那么轻松
让他静静地躺在座椅上
铁轨就会永远与他隔着不远不近的距离

（选自《诗歌月刊》2015年第5期）

栅 栏

霜扣儿

当然是一个人。连稀疏也称不上
暮晚的风吹空了山
她坐成高原

险要的时光欲坠下每一天
凭窗的小镇在对面
信步就能到达
像一阵芳香等待一朵飞花
像此时想一想
脸上就灿然

当然是想一想的事。密道隐身
无法脱身
她不能分开浩渺烟波
退掉定好的模子
她不能摔碎一滴眼泪
取出大江南北

暮晚的风吹黄的大地的脸
她进一步坐着
说了句，曲水爱流觞吧
莫提年华

（选自《诗刊》2015年5月号上半月刊）

2015年中国诗歌大事记

一、国内第一个国家层面的大型诗歌网站创办上线

2015年伊始，国家重点文化工程——中国诗歌网在北京开始筹建创办。作为国内第一个国家层面的大型诗歌文化网站，中国诗歌网被置于中国作家出版集团旗下，成为官方机构主办的国内第一家大型诗歌网站。网站于2015年6月18日正式上线，何建明、郑欣淼等有关领导和专家出席了上线仪式。

二、身有残疾的女诗人余秀华因现代网络传媒而一举成名

2015年1月以来，患有脑瘫的女性诗人余秀华的诗歌，通过网络和手机微信公众号的传播而迅速走红，形成万人瞩目的“余秀华现象”。

三、诗人李小雨逝世

著名诗人、中国诗歌学会副会长兼秘书长李小雨于2015年2月11日在北京病逝。李小雨于上世纪70年代后期开始写作，她退休前的岗位是《诗刊》常务副主编，著有诗集《雁翎歌》《红纱巾》《东方之光》《玫瑰谷》等。

四、汪国真去世引发怀念和反思

4月26日，汪国真去世，引发了一定社会范围的怀念，也引发了人们关于诗歌快餐消费时代的回顾与反思。

五、洛夫获首届李白诗歌奖揽五十万元奖金

5月7日，首届李白诗歌奖在四川绵阳揭晓，台湾诗人洛夫获大

奖并独享五十万元奖金，由此引发社会热议。

六、不发奖金的“中国当代诗歌奖”举行第三届颁奖活动

2015 年 6 月，第三届中国当代诗歌奖颁奖盛典暨《双年诗经 2013-2014》首发式在甘肃岷县举行，国内 18 位诗人、诗评家、翻译家分获不同门类奖项。这是一个不发奖金的诗歌奖项，肇始于网络，由网民投票和专家投票相结合的方式决出各个奖项。

七、第五届青海湖国际诗歌节举行

8 月 6 日至 11 日，以“诗歌语言的不断革新与现代诗歌的结构”为主题的第五届青海湖国际诗歌节在青海举行，来自世界五大洲 44 个国家和地区的 180 多位著名诗人齐聚青海参加了这一盛会。

八、叶延滨荣任中国作协诗歌委员会主任和黄怒波当选中国诗歌学会会长

中国作家协会于 2015 年 11 月 23 日发布了《关于增补中国作家协会诗歌委员会组成人员的公告》，中国作家协会书记处任命叶延滨为中国作家协会诗歌委员会主任。

2015 年 12 月 9 日，黄怒波当选中国诗歌学会会长。黄怒波是中坤集团董事长，多年来一直尽心竭力推动诗歌的传播和发展，成立了中坤诗歌发展基金。

九、三公司在法庭争抢“为你读诗”

“为你读诗”微信公众号自推出后引发了社会上的“诗歌热”。而一年多后，不仅有了同名的手机 APP，还出现了“为你读诗客户端”的微信公众号。12 月 3 日，朝阳法院一审认定，“为你读诗”微信公众号，在手机 APP 和“为你读诗客户端”的微信公众号推出前已达到知名程度，后两者的行为构成不正当竞争，故判决两家公司需连带赔偿经济损失 20 万元。

十、“首届中国网络诗人高级研修班”举办

由中国作家出版集团和上海大学主办、中国诗歌网和上海大学中国创意写作中心承办的“首届中国网络诗人高级研修班”于12月25日在上海大学开办。来自全国的30位有一定创作实绩并活跃于中国诗歌网的诗人参加了学习。著名作家、诗人何建明、赵丽宏等出席了开班仪式。